Nina Konitzer

Am Feuer der Mondfrauen

Eine sinnlich-poetische Reise
zu deiner weiblichen Essenz

SHEEMA

Nina Konitzer

Am Feuer der Mondfrauen

Eine sinnlich-poetische Reise zu deiner weiblichen Essenz

Bibliografische Information der Deutschen Bibliothek
Die Deutsche Bibliothek verzeichnet diese Publikation in der Deutschen Nationalbibliothek; detaillierte Daten sind im Internet über http://dnb.ddb.de abrufbar.

1. Auflage 2018
Originalausgabe

Inh.: Cornelia Linder, Hirnsbergerstr. 52, D - 83093 Antwort
Tel.: +49 (0)8053 – 7992952, Fax: +49 (0)8053 – 7992953
http://www.sheema-verlag.de

ISBN 978-3-931560-29-4

Coverbild, Bild S. 2 und S. 8: © Walter Schmucker
Autorinnenfotos: © Katharina Kraus, seelenportraits.com
Lektorat: Susanne Hülsenbeck
Umschlaggestaltung: Sheema Medien Verlag, Schmucker-digital,
Gesamtkonzeption: Sheema Medien Verlag, Cornelia Linder
Druck und Bindung: FINIDR, s.r.o., Český Těšín

Vorwort und Widmung

Im Februar letzten Jahres (2017) habe ich alles verloren, was mir heilig war. Meine Liebe, meine Berufung, den wunderbaren Ort, an dem ich lebte. Meinen Stolz, meine Würde, meine Kraft, morgens aufzustehen. Ich habe gebetet, so gerne wollte ich von der Erde gehen. Doch ich musste bleiben.

Mit Nichts stand ich im Nirgendwo und alles, was ich wusste, war so unendlich weit weg. Da war einfach NICHTS mehr, was mich hielt. Nach all den vielen übervollen Jahren war da urplötzlich ein leerer Kalender, ein gähnender Tag, ein Loch, das mich zu fressen drohte. So gerne hätte ich dieses Loch mit irgendetwas gestopft, doch dieses „irgendetwas" ließ sich nicht finden, die Leere ließ sich nicht überwinden. Ich musste bleiben, obwohl ich wirklich sehnsüchtig nach Erlösung rief. So übermächtig war mein Schmerz der Trennung, des Alleinseins, der Sinnlosigkeit. Und so begann ich zu fallen, und obwohl mir dieser Fall vertraut war, so fiel ich diesmal tiefer und es war dunkel wie noch niemals zuvor. Oh, wie war ich ungeduldig mit mir. Ich wollte diesen Zustand unbedingt beenden, wollte glücklich sein, schließlich war der Himmel blau und die Sonne stand hoch am Himmel, um mich zu wärmen. Doch die Kälte in mir blieb.

Und dann habe ich beschlossen, dass dies nun mein Leben ist. Dass es nicht anders sein muss und dass ich diesen Schmerz jetzt in mir trage, solange ich auf der Erde wandle. Ich habe beschlossen, dass keine Wunder mehr auf mich warten und dass es vielleicht nur darum geht, ab und zu ein kleines Gänseblümchen zu pflücken. All die hohen Erwartungen an mich und ans Leben und all das Streben nach dem vollkommenen Glück fielen über mir zusammen wie Gemäuer aus uralten Zeiten, und so konnte ich unmerklich meinen neuen Weg bereiten.

Heute sitze ich hier und staune. Ich staune über die Kraft, die mich bewegt hat, obwohl ich mich selbst nicht mehr bewegen konnte, und ich staune über all die Wunder, die geschehen sind, seitdem ich keine Wunder mehr erwarte. Ich staune über meinen Mut, mich wieder zu öffnen und vor allem über diese Kraft, die neues Leben schafft, wenn wir bereit sind, uns wahrlich hinzugeben.

Und allen von Euch, die durch die Dunkelheit wandeln, möchte ich gerne meine Hand reichen und sagen, dass alles gut ist, auch wenn es sich wahrlich ganz anders anfühlt. Ich möchte Euch sagen, dass Ihr nicht alleine seid und dass Ihr darauf vertrauen könnt, dass es eine Kraft gibt, die Euch trägt, die Euch beschützt und die Euch unendlich liebt. Ich weiß, dass wir dies zu manchen Zeiten vergessen. Nichts geschieht, um uns zu schaden, aber alles geschieht, um uns wachsen zu lassen.

DANKE von Herzen an alle, die in dieser Zeit für mich da waren und danke dafür, dass Ihr in meinem Herzen seid und ich nun den Mut finde, mich wieder zu zeigen.

Ich widme mein Buch all denjenigen, die dem Ruf nach ihrer Urkraft stetig folgen, obwohl dies viele Wege durch dunkle Pfade beinhaltet.

Mögen wir alle beschützt und behütet sein.

In Liebe, Nina

Die Mondfrau

Die Mondfrau geht den Weg der Freiheit.

Sie wandelt sich in jedem Augenblick.

Sie lebt intensiv und kraftvoll.

Ihre Leidenschaft ist das Reisen, und wenn sie nicht in der weiten Welt unterwegs ist, dann bereist sie ihre unergründlich tiefe Seelenlandschaft.

Wenn du eine Mondfrau an dich binden willst, dann lass sie vollkommen frei. Sie lässt sich nicht festlegen. Versuche sie niemals einzuordnen, denn sie hat zu viele Facetten.

Wenn dich eine Mondfrau in sich aufnimmt, dann öffnet sie sich ganz und gar, und du darfst eintauchen in ihren Körper, in ihre Seele, in ihr tiefstes Sein.

Wenn du in eine Mondfrau eindringst, dann dringst du in die dunkelste Nacht ein, und wenn du bereit bist, wird sie ein Feuer in dir entfachen, das deine Seele für immer leuchten lässt.

Wenn du eine Mondfrau liebst, dann bist du bereit, deinem tiefsten Wesen zu begegnen, denn sie wird dich einladen auf eine Reise zu deiner Essenz.

Die Mondfrau strahlt und zeigt sich offen der Welt. In diesen Phasen verschenkt sie alles, was sie hat, wohlwissend, dass sie selbst das größte Geschenk ist.

Und dann, allmählich, zieht sie sich ganz in sich selbst zurück, denn ihre Kraft schöpft sie aus der Stille.

Sie geht ihren Weg aufrecht und stolz, denn sie wird vom Pulsschlag der Erde getragen und von der Weisheit des Himmels geführt.

Die Mondfrau begegnet dir manchmal so kindlich und naiv wie ein kleines Mädchen, um im nächsten Moment aus ihrer tiefen Weisheit zu schöpfen. Alle Jahreszeiten findest du in ihr. Alle Altersstufen sind in ihr vereint. Unterschätze niemals ihre magische Kraft, und lass dich nicht täuschen von ihrem jungen Aussehen und ihrem freien Lachen.

Die Mondfrau ist eine Träumerin, die all ihre Visionen in ihrem Tempo auf die Erde bringt. Dränge sie zu nichts, denn wenn du sie unter Druck setzt, wird sie erst geistig und dann körperlich fliehen.

Die Mondfrau geht den Weg der Freiheit. Sie bindet sich nur an einen einzigen Ort, und dieser Ort liegt in ihr.

Ihr Wegweiser ist die Liebe.

Die Mondfrau ist hier, um alle Wesen an den Wandel zu erinnern. Denn auch sie selbst ist bereit, immer wieder alles loszulassen und vollkommen nackt im Wind zu stehen.

Sie scheut sich nicht vor dem Feuer. Denn sie selbst brennt lichterloh.

Sie bleibt in der dunkelsten Stunde einfach sitzen, auch wenn alle um sie herum davonlaufen. Ihre Tränen haben schon einige Ozeane gefüllt, in die sie sich fallen ließ, um dort bis zum tiefsten Grund zu tauchen. Sie hat keine Angst vor der Tiefe des Seins.

Sie hat keine Angst vor der dunklen Nacht, denn dort hat sie ihre Schönheit und ihre unermessliche Kraft gefunden.

Sie ist wild, leidenschaftlich und voller Lust. Sie ist zärtlich, sanft und sehr verletzbar.

Du denkst, sie braucht dich nicht? Halte sie fest, und du wirst spüren, wie sehr sie sich nach einem Gefährten sehnt, der keine Angst vor den kraftvollen Wellen ihrer Seele hat.

Geliebte Mondfrau – sei und werde, was du bist.

Die Mondfrau geht den Weg der Freiheit.

Weißt du, du hast so lange nach Freiheit geschrien, du hast versucht, dich von Fesseln zu lösen, bist aus dem Rahmen gefallen, hast rebelliert gegen Regeln und Gesetze, die so manches Mal gar nicht existierten. Freiheit war das Wichtigste für dich, dein Ziel, deine Sehnsucht, deine Passion. Doch ich erlaube mir zu sagen, dass du tief in dir die Essenz der Freiheit noch nie berührt hast. Denn tief in dir ist Angst vor genau dieser Freiheit, dort ist Sehnsucht nach Fesseln, die dich im sicheren Hafen auf sanften Wellen schaukeln lassen.

Weißt du was wahre Freiheit bedeutet? Es bedeutet, dass dich nichts und niemand mehr hält. Es bedeutet, dich in das völlige Alleinsein, in die Einsamkeit hineinfallen zu lassen. Es bedeutet zu sterben. Solange du aber Angst hast, dich auf das Alleinsein einzulassen, es auszuhalten, ohne dich abzulenken oder dich mit Menschen zu umgeben, die dich nur oberflächlich berühren, wirst du niemals frei sein, denn du wirst nie den Punkt in dir berühren, diesen Schmerz in dir offenlegen, unter dem die Freiheit verborgen liegt. Die Freiheit liegt unter dieser Leere in uns, die immer schon existierte, die wir jedoch, ehe wir sie wirklich spüren, mit irgendetwas füllen. Mit Menschen, Aktivitäten, Terminen, Dingen, die uns niemals wirklich wichtig waren.

Und ich sage dir: Wenn du wirklich frei sein willst, dann lerne alleine zu sein. Lerne, dich der absoluten Stille hinzugeben, durch die alles hörbar sein wird, was du mit all dem Lärm der Welt versucht hast, zum Schweigen zu bringen.

Lerne zu bleiben, auch wenn es schwer ist, auch wenn alles in dir davonlaufen möchte, auch wenn so vieles in dir nach Ablenkung schreit. Ich weiß um deinen Kampf, um deinen Krieg, um dein Schwert, mit dem du versuchst, dieser Stille zu entkommen. Doch deine Sehnsucht wird dich zum Erliegen bringen.

Denn die Sehnsucht der wilden Mondfrau, die Sehnsucht nach Freiheit, ist größer als die Angst vor der Stille, vor dem Nichts, vor all den Wunden, die sichtbar werden, wenn wir einfach stehenbleiben.

Die Mondfrau hat Angst davor, sich festzulegen. Sie hat Angst davor, sich auf irgendetwas wirklich einzulassen und deshalb ist sie lange Zeit in ihrem Leben wie ein wurzelloser Baum. Sie ist gar nicht richtig da. Und genau das ist ihr Problem. Sie bleibt wirkungslos, solange sie nicht wirklich da ist. Sie bleibt ungesehen. Sie bleibt ein Kind des Himmels, ohne wahrlich auf der Erde zu stehen.

Wenn die Mondfrau mit all ihrer Präsenz auf der Erde ankommt, geschehen Wunder. Sie erkennt, dass sie an Freiheit gewinnt, wenn sie sich auf das Leben einlässt.

Freiheit bedeutet zu wirken, zu leben, zu handeln, zu sein. Freiheit bedeutet, dass wir uns von Augenblick zu Augenblick wandeln, doch da ist etwas, das bleibt. Immer. Spürst du das? Spürst du den Ort in dir, der unverändert, wie ein stiller Bergsee, in dir ruht?

Dort ist Frieden. Dort ist Freiheit.

Egal, wo du bist. Egal, was du tust.

Trau dich, endlich aufzustehen und das zu tun, was sich durch dich tun will.

Trau dich, das zu sein, was du bist und immer warst.

Wenn der Abendwind deine Tränen trocknet,
steh auf und lass den Mond durch dich singen ...
der Pulsschlag der Erde wird dich durchströmen,
während die Kraft des Feuers dich tanzend befreit ....

So lange schon hörst du den Ruf des Windes,
doch all deine sehnsuchtsvollen Träume

haben einen Ozean gefüllt ...
so langsam, als wäre es heimlich geschehen,
und diese Wellen tragen dich nun in deine Heimat zurück ...
Feuerfrau ... lass dich tanzen, lass dich lieben, lass dich frei ...
deine Weisheit, die sanften Gesänge, dein kraftvoller Tanz
ach, wie lange hast du dich vermisst.
Bring deine unermessliche Kraft liebend auf die Welt ...
denn zum lieben bist du gekommen.

Wenn der Abendwind deine Tränen trocknet,
steh auf und lass dich frei ...

Ein Käfig ist kein Platz für wilde Träume, so gleiten
sie still in den leersten aller Räume
und all unsere Bilder fallen aus dem Rahmen, denn
für das, was ist, gibt es keinen Namen,
doch immer wieder erblühen neue Samen – tief in mir.
So zart sind die Häuser ohne Mauern und
alle Gaben, die noch leise lauern,
trauern nun um ihre Sicherheit.
Durch die Ewigkeit erklingt ein Lied ohne Noten,
zu einem Tanz im Sommerregen –
komm, lass mich mein Schweigen in deine Worte legen.
Lass mich dir Orte zeigen, die sich zart vor dir verneigen,
denn alles, was erblüht, ist ein Segen.

Ein Käfig ist kein Platz für wilde Träume,
so gleiten sie still in den leersten aller Räume
und öffnen sanft das Tor zur
Schönheit – willkommen in der Ewigkeit.
Und alle unsere Dramen fallen lautlos aus dem
Rahmen, denn für das, was wirklich ist,
gibt es keine Worte, keine Namen und alle Orte
deiner Träume finden Räume tief in dir.

Wenn wir aufhören würden, uns für das Verurteilen zu verurteilen und das Bewerten zu bewerten, könnten wir die Bedingung an die Bedingungslosigkeit in zarten Grenzen der Grenzenlosigkeit auflösen.

Vielleicht hätten wir dann keine Angst mehr vor der Angst und wir wären nicht mehr wütend auf die Wut und vielleicht würde sich dann die Verliebtheit in die Liebe, in Freiheit verwandeln.

Vielleicht könnten wir dann still und sanft – einfach „Mensch sein"?

Es geht einzig und allein darum, tief zu spüren, dass du lebst. Damit ist der Sinn des Daseins erfüllt. Damit ist alles in dir erfüllt, belebt, genährt. Wann fühlst du dich lebendig? Was lässt dich das Prickeln des Seelensees spüren? Was lässt dich in Freude jubeln und was lässt dich fühlen, dass du wundervoll bist?

Freiheit erscheint mir wie ein Wolkenmeer,
das mir still und leise
im zeitlosen Schimmern der Welt entgleitet
und in mir weitet, was, am Urgrund verborgen,
nach Geborgenheit ruft.
Freiheit ist unmöglich zu erlangen,
denn sie ist gefangen im Wollen und im Sehnen nach mehr.
Freiheit war immer gegeben,
doch ging sie scheinbar im ewigen Streben verloren.
Auserkoren wurde die Freiheit,
genau das zu bleiben, was sie im Grunde ist.
Sie war niemals so nah, um sie zu halten,
doch entfalten wird sie sich aus der Leere heraus,
am Ende des Lichts, dort, wo nichts
mehr zu finden sich lohnt.
Die Freiheit wohnt dort, wo du bist.

Sie wandelt sich in jedem Augenblick.

Die Vergänglichkeit hat meine Seele gestreichelt,
so sanft und leise wie der Sommerre-
gen mich in Geborgenheit hüllt.
Unendlich zart wurde ich vom Abschied geküsst,
weil er ewig ist, auch wenn der Abend-
wind mich in Sicherheit wiegt.
Umhüllt von der Stille, die in jedem Augenblick liegt,
lasse ich mich fallen – und fallen – und fallen,
bis der Himmel sich öffnend in die Erde ergießt,
dort möchte ich erblühend einfach SEIN, was ich bin.

… und wenn du dann Liebe empfängst, kannst du sie wirklich einatmen wie den Duft der sanftesten Meeresbrise und einen Moment lang innehalten … und kannst du befreit wieder ausatmen, wohlwissend, dass sie vergänglich ist und gleichzeitig ewig in dir verweilt?

… und wenn du dann Reichtum empfängst, kannst du darin tanzen wie zum Klang der kraftvollsten Symphonie … und kannst du ihn verströmen, wie der Sommerregen sich liebend auf die Erde legt und hineinsinkt, wohlwissend, dass er vergänglich ist und gleichzeitig neues Leben erblühen lässt?

… und wenn du dann das Leben selbst empfängst, kannst du dich zärtlich der dunkelsten Stunde hingeben … und kannst du im Mondlicht sanft sitzenbleiben, wohlwissend, dass es dich verwandeln und gleichzeitig die Unendlichkeit in dir geboren wird?

Wenn du das Positive festhalten willst, dann ist es, als möchtest du die Sonnenstrahlen einfangen oder den Sternen verbieten, im Morgengrauen zu verglühen.

Es ist, als möchtest du deine gute Laune in den Nebel sprühen und die braunen Hügel bunt anmalen.

Es ist, als möchtest du all die grauen Wolken überpinseln oder als würdest du den Vögeln im Herbst verbieten, in den Süden zu fliegen.

Es ist, als würdest du die roten Blätter in den Wind nageln und den Fluss ans Ufer tackern.

Es ist, als würdest du die Schneeflocken in den blauen Himmel binden und als würdest du Regentage überwinden, indem du jeden einzelnen Tropfen in die Wolken zurückschiebst.

Und egal, wie sehr du dich bemühst, wie viele Mantren und Affirmationen du zelebrierst, du wirst scheitern und du wirst traurig sein, weil es dir nicht gelingt, obwohl du dich so sehr bemühst.

Siehst du, wie viel Glück du verspielst, weil du es festhalten willst?

In jedem Augenblick liegt ein Klang,
der die Unendlichkeit in meine Liebe sang.
Und in deinem Lachen klingt ein Lied,
das die Stille in den Sommerregen schrieb …
Ich bin aus dem Rahmen geflogen –
in das sanfte Streicheln der Ewigkeit gesunken –
ertrunken weit hinter dem Rhythmus der Zeit …
und wenn du traurig bist, dann beobachte Trautropfen,
die auf Grashalmen unter Kirschbäumen
Melodien in den Wind malen,
und wenn du glücklich bist, dann beobachte Wolkenmeere,
die deine Geschichte erlösen,
denn in jedem Augenblick liegt ein Klang
und in deinem Lachen klingt ein Lied,
das Frieden in die Tiefen deiner Seele schrieb.

Jedes Wort ist nur für den Moment
und jeder Ort nur für den Augenblick.
Hast du je versucht, einen Regentropfen einzufangen?
Flüchtig sind die Wellen der Meere,
doch verschwunden sind sie nie.
Du hast geglaubt, es gibt mehr als die Leere,
doch alles, was du glaubtest, ist lange her.
Vielleicht wartet nichts Großes mehr auf dich,
vielleicht wartet nur das Kleine
und vielleicht wunderst du dich darüber,
dass kein Wunder mehr passiert
und vielleicht wartet einfach nichts.
Wenn du von der Weisheit weißt, dann
ist sie noch nicht dort, wo du sie fühlen kannst,
und wenn du weißt, wie die Blume heißt,
dann ist sie noch nicht dort, wo du sie atmen kannst.
Und wenn du glaubst zu verstehen,
wie das Leben funktioniert,
dann bist du noch nicht dort, wo du sehen kannst.
Und wenn du glaubst, gar nichts mehr zu wissen,
dann glaubst du noch zu viel.

Es lohnt sich nicht, irgendetwas zu suchen, weil du niemals etwas finden wirst.

Das, was du suchst, kannst du nicht finden.

Das, was du findest, kannst du direkt wieder loslassen, weil es immer nur für den Moment ist. Du wirst es also finden und im gleichen Moment wieder verlieren.

Was also willst du finden außer diesen Augenblick, was willst du suchen außer den Moment, der sich dir nur offenbart, wenn du aufhörst zu suchen?

Sie lebt intensiv und kraftvoll.

Voller Leidenschaft gibt sich die Mondfrau ihrem Leben hin. Sie lebt so intensiv und kraftvoll, dass sie Tränen der Freude und Tränen der Traurigkeit gleichermaßen vergießt. Sie leidet immer wieder an ihren starken Gefühlen, bis sie loslässt und an den Grund sinkt, von dem aus sie die Wellen des Seins beobachtet und im Spiel des Lebens mitspielt, ohne sich darin zu verlieren. Sie tanzt voller Wildheit, sie liebt so tief sie nur kann, und auch wenn ihr Herz schon mehrmals gebrochen wurde, so gibt sie sich beim nächsten Mal wieder genauso intensiv hin, weil sie nicht anders kann. Weil sie Hingabe ist. Weil genau das ihr Geschenk ist, an sich selbst, ans Leben und an alle, die ihr begegnen dürfen.

Entfesselt

Nackt stehe ich am Ufer meiner ungeahnten
Kräfte und glaube mir,
diese Freiheit entfesselt eine Stärke in mir,
die wild und zügellos an jede Klippe peitscht
und jede Welle erlöst, um hinter dem
Horizont in neue Welten zu tauchen.
Niemand wird mich jemals mehr gefangen halten,
denn jede Fessel in mir wird vom gewaltigen Feuer
meiner unendlichen Kraft verwandelt.
Jeden Schritt, den ich gehen will, werde
ich gehen und glaub mir,
mein Lied singe ich für mich, nur für mich,
nur für mich und solltest du es hören,
so nimm es – schmetterlingsfrei – als Geschenk
und lass es wieder los,
denn kein einziger meiner Klänge wird dir jemals gehören.
Erwarte nicht, dass ich dich beschenke
und halte mich nicht fest,
um mir nah zu sein.
Meine Tränen werden mich erlösen,
mein Lachen wird mich befreien,
meine gewaltige Lust wird Anker mir sein.
Nackt stehe ich am Ufer meiner ungeahnten Kräfte
und ich lasse mich fallen ins tosende Blau,
lasse mich tragen vom Leben, vom Leben in mir,
und ich will segeln, bis ich kein Land mehr seh`.

Und dann springe ich in die Wolken und falle hindurch,
weil keine einzige Illusion mich mehr tragen wird
und keine Fragen mich mehr an Antworten binden,
weil es ums Lieben geht und nicht mehr ums Finden.
Weil ich da bin.
Einfach so.
Still.

Weit spreize ich meine Flügel und öffne mich dem Leben. Empfänglich möchte ich sein für all die Samen der Freude, die der Frühlingswind in Leichtigkeit in mein Herz weht.

So wird ein Blumenbeet in mir wachsen. Wild und bunt und wunderschön.

Fruchtbar möchte ich sein für all die Samen der Traurigkeit.Denn jede einzelne Träne bewässert den Garten meiner Seele und lässt ihn in immer tieferer Schönheit und Weisheit erblühen.

Ich öffne mich und atme Leben.

Ich wollte dich fragen ...
ob du weinen kannst,
ob du schreien kannst vor Lust
und ob du vor Freude manchmal quietscht?
Ich wollte dich fragen ...
ob du staunen kannst und ob dich manches
so sehr berührt und bewegt,
dass du sprachlos bist?
Ich wollte dich fragen, ob du jemals einfach da warst,
in diesem einzigen Moment, den es gibt ...
Hast du jemals einfach nur geatmet?
Hast du jemals einfach nur geliebt?
Ich wollte dich fragen ...
ob du LEBENDIG bist?
So lebendig wie ein Vulkan,
so frei wie der Wind,
so sanft wie Sommerregentropfen,
so tief wie der Klang der Erde …
Ich wünsche Dir LEBENDIGKEIT ... denn wir sind
gekommen, um zu LEBEN ~~~~~~~~~

Weißt du, ich sehe, was für dich möglich wäre, aber ich sehe nicht, ob du den Mut hast, es zu (er-)leben. Ich weiß nicht, ob du dir nehmen kannst, was auf dich wartet und ob du bereit bist zu erfüllen, was von dir erfüllt werden möchte.

Ich kann den Schatz sehen, der von dir ausgepackt werden will, ich kann sehen, was für ein Geschenk du bist. Doch ich weiß nicht, ob du dich verschenken wirst oder ob du auf den richtigen Zeitpunkt wartest, der nie kommen wird.

Ich sehe, welchen Tanz das Leben für dich bereithält, aber ich weiß nicht, ob du aus gewohnten Schritten heraustreten wirst und ob du es wagst, auf das Lied zu lauschen, das aus dir herausströmt und das von dir gesungen werden will.

Ich erahne deine Kraft und die Schönheit, die in dir wohnt, doch ich weiß nicht, ob es sich für dich lohnt, so vieles in dir zu Grabe zu tragen. Und ich weiß nicht, ob es dir gelingen wird, über all deine Schatten zu springen.

Doch ich reiche dir meine Hand und sage dir, dass ich da bin, wenn du bereit bist, dich wahrlich anzusehen und – wenn du glaubst, dass es an der Zeit ist – einfach loszugehen.

IHRE LEIDENSCHAFT IST DAS REISEN, UND WENN SIE NICHT IN DER WEITEN WELT UNTERWEGS IST, DANN BEREIST SIE IHRE UNERGRÜNDLICH TIEFE SEELENLANDSCHAFT.

Der tiefe Ozean in dir lädt dich jederzeit ein, in die Meere deiner Seelen zu tauchen. Du wirst dort lernen, dass jegliches Brauchen im Außen ein Ende hat und dass die Flüsse dich tragen ohne zu fragen, wenn du dich tragen lässt. Es wird ein Fest für dich, über Wellen zu springen und durch deine vielen Gefühle zu segeln. Und in all deinen tiefsten Gefilden gibt es keine Regeln, keine Schilder, keine Grenzen, keine Mauern und es lauern keine Gefahren. Vertrau dir beim Reisen, vertrau, dass die weisen Mächte deine Unschuld bewahren und tauch noch tiefer hinein in dein farbiges Sein voller Reinheit und Kraft.

Du bist eine Traumreisende und das Leben fordert dich auf, nicht nur die Plätze der Erde zu besuchen, sondern die Orte in dir zu bereisen, die an weisen Flüssen und sinnlichen Ufern nach dir rufen. Sämtliche Horizonte darfst du überschreiten, die dich in neue Welten gleiten lassen. In dir ist die Magie, der Zauber, in dir sind all die Dschungel und Wege, die Pfade und Stege über Flüsse und Seen. In dir sind all die Wälder der Ferne, die Meere, die Strände, die Straßen der Sterne bei Nacht. In dir ist längst alles vollbracht. Und nun nutze deine Macht wohlbedacht mit Weisheit und Liebe und verschiebe die Grenzen der Welt.

Du bist eine Reisende zu fernen Träumen und nahen Tänzen. Du bist eine Wegweisende zwischen Sternen und bunten Räumen aus Klängen des Morgens. Du bist eine Wanderin zu himmlischen Tälern und Gipfeln aus schattenumtanzten Sonnenliedern. Du bist eine Hüterin der sinnlichen Gesänge, die von der Mondin in unsere Seelen gelegt werden. Siehst du, wie nah du an der tiefsten aller Quellen wohnst? Du bist hier, um die Geschenke der Quelle zu teilen, doch manchmal trinkst du selbst noch nicht davon. Du stehst davor, doch du trinkst nicht von ihr. Du ernährst dich nicht von dem, was dir zutiefst gegeben wird. Doch nun, sieh dich an. Sieh dich und anerkenne: So leicht wie niemals zuvor darf dein Weg nun sein. So leicht wie niemals zuvor werden Erinnerungen sein an Geschichten, die sich wie graue Schleier über dem Augenblick verdichten und den Zauber aus den Orten stehlen. Auf Pfaden und Wegen des Lichts wird dein Sein nun getragen und du wirst selbst auswählen, welche Kräfte dich begleiten und welche Seiten deines Buches du nun schreibst. So leicht wie niemals zuvor kannst du nun spielen mit deinen Kräften und all den Mächten dieser Zeit – um zu wirken in der Ewigkeit. So leicht wie niemals zuvor legen Schattentänze sich nun schlafen, weil sie müde sind.

Geliebte Träumerin der Nacht, manchmal ist es der Wind, der dich sanft streichelt, manchmal ist es ein Windhauch, ganz sacht, der dich wie eine Feder daran erinnert, wie zart du bist. Fliegend lädt die Thermik deiner Gefühle dich ein zu schweben und all dein Drama von oben zu sehen. Wo sind sie hin, all deine Probleme, wenn du in der unendlichen Schönheit der Weite deine Flügel ausbreitest und über all die Geschichten gleitest, die du erleben durftest, um weiterzugehen? Weißt du, du wirst nie verstehen, wie all die Farben klingen, wie all deine Bilder verblassen, wie all deine Schritte die Formen verlassen und von den Wellen der Zeit davongespült werden. Darum lass uns singend über den Wolken der Traurigkeit schweben, lass uns uns erheben über all das Leid, über all die Schwere, über die Leere der Tage, die in uns nur die Frage hinterlässt, die Frage nach dem Sinn. Alle Antworten, die du findest, sind nur für diesen Atemzug. Zu glauben, sie wären für immer, wäre Betrug an dem Moment. Und so breite deine Flügel aus und flieg, du Träumerin der Sterne, und flieg, wohin du möchtest. Flieg, so weit du kannst, so hoch dich deine Flügel tragen.

Flieg in die Unendlichkeit, an all die Orte, die so leuchtend auf uns warten. Lass los. Lass endlich los und flieg und lass alle hinter dir, die dir gesagt haben, du sollst auf dem Teppich stehenbleiben. Denn Teppiche sind da, um zu fliegen und nicht, um darauf zu stehen. Du bist eine Zauberin und Zauberinnen fliegen in alle Welten, zu allen Zeiten, sie breiten ihre Flügel aus und lassen sich tragen von Kräften, die sie umspielend verwandeln, wann immer sie wollen. Und so erhellen sich aus der Ferne alle toten Sterne, alle dunklen Galaxien, alle kalten Räume, alle ungelebten Träume, die nicht deine sind. Und manchmal ist es der Wind, der dich sanft streichelt und dich dort abholt, wo du bist. Vermisst wurdest du von deinen Flügeln, die dich in die Freiheit tragen, die es niemals wagen, dich klein zu halten, denn du bist nicht klein. Du bist viel größer, als du denkst und wenn du dir die Weisheit in der Stille schenkst, dann lädt sie dich ein zu erkennen: Du bist weder groß, noch bist du klein. Lass endlich los, dann wirst du eins mit der Unendlichkeit sein.

Weißt du, das viele Reisen zu fremden Ländern und fernen Kontinenten ist letztendlich auch nur eine Flucht und du wirst irgendwann müde davon sein, ständig neue Pfade zu suchen.

Deine Sehnsucht nach der Ferne wird von der leisen Welt gestillt, die in dir schläft und jetzt allmählich erwachen darf. Denn eines Tages erkennst du, geliebte Schwester, dass dich das viele Reisen im Außen eigentlich nur ablenkt und dass du wieder nur vor all dem davonläufst, was in dir entdeckt werden will.

Du verschenkst zu viel von deiner Langsamkeit und von den Momenten, in denen du nach innen sinken könntest. Du verschenkst zu viel von der Stille, die dich in deine Seelenlandschaft gleiten lässt. Bleib sitzen, um vom Nektar des Augenblicks zu trinken. Die Weiten in dir eröffnen sich, wenn du ankommst, genau dort, wo du gerade bist. Denn dort wurdest du vermisst, von dir.

Wenn du eine Mondfrau an dich binden willst, dann lass sie vollkommen frei. Sie lässt sich nicht festlegen. Versuche sie niemals einzuordnen, denn sie hat zu viele Facetten.

Wo sind all die Engel und Göttinnen, all die Feen und Elfen, all die allerliebsten Superfrauen?

Wo sind sie, die Krieger und Helden der neuen Zeit, die dem Weg des Herzens folgen und sanftmütig und stark zugleich ihrer grenzenlosen Kraft Ausdruck verleihen?

Wo sind sie, die wunderschönen Liebenden, die aus sich heraus strahlen und leuchten und sich bedingungslos all die Wünsche ins Leben zaubern, die auf Erfüllung warten? Wo sind sie?

Vermutlich sind sie müde. Sie haben Burn-out, bevor es wirklich angefangen hat. Sie sind erschöpft von all den übermenschlichen

Erwartungen, von dem spirituellen Kampf, von dem Wunsch, besser und größer zu sein, als es jemals möglich sein wird.

Die Göttinnen und Götter sind müde und die Elfen stehen erschöpft in der Ecke. Warum nicht einfach Frau sein? Warum nicht einfach Mann sein? Warum nicht einfach Mensch sein? Warum nicht einfach das (er-)leben, was da ist? Woher kommt dieses Streben nach dem Großen?

Weißt du, die Ansprüche an dich sind hoch. Sie sind so hoch, dass ich mir erlaube zu sagen, dass du sie niemals erfüllen wirst. Doch all diese Ansprüche hast du selbst an dich.

Du selbst erwartest von dir, glücklich zu sein. Du erwartest von dir, immer friedlich und kraftvoll zu sein. Du erwartest von dir, immer in Liebe zu handeln. Doch du hast eine genaue Vorstellung davon, wie Liebe zu sein hat und diese Vorstellung ist es, die dir im Weg steht. Du sagst, Konzepte interessieren dich nicht, doch glaub mir, dein Kopf ist voller Schubladen und Glaubenssätze und Vorstellungen, wie du zu sein hast. Langsam haben sich diese Schubladen geöffnet. Du hast es kaum mitbekommen, wie du sie allmählich gefüllt und wieder verschlossen hast.

Wo einst, für viele Momente, tatsächlich nur Leere war, ist nun wieder alles vollgestopft mit Gedanken aus längst vergangener Zeit. Doch all dieser Müll macht dich zur Sklavin deiner eigenen Erwartungen, deiner eigenen Konzepte, deiner eigenen vollen Welt, in der das, was wirklich sein will, gar keinen Platz hat. Du bist voll. Du bist auf dem Weg zur Freiheit zur Marionette geworden und diesmal ist es aber so, dass es du es nicht merken kannst. Früher hast du es gemerkt, dass du in einem Hamsterrad bist. Doch all die spirituellen Glaubenssätze siehst du nicht.

Wenn du eines Tages dort angekommen bist und du wirklich immer glücklich bist, wenn du eines Tages an dem Ort bist, von dem aus du einfach nur beobachtest, dann freu dich darüber. Doch solange du nicht da bist, lebe alles, was sich gerade durch dich leben will. Tu nicht so, als wärst du erleuchtet, wenn du es nicht bist. Tu nicht so, als würdest du meditieren, wenn in dir die Hölle tanzt. Sei das, was du bist, in jedem Moment und lass dir nicht einreden, dass irgendetwas daran falsch sein sollte.

Und so ist es geschehen, dass du einfach nur den Spielplatz gewechselt hast. Deine Themen sind alle gleichgeblieben, nur der Rahmen hat sich verändert.

Es gibt keine Schuld mehr in deinem Leben, du nennst es jetzt Karma, und es gibt keine Verantwortung, die du übernimmst, denn sicherlich wird dir eine hochgeistige Erklärung in den Sinn kommen, die rechtfertigt, dass du weiterziehen musstest und einen Scherbenhaufen hinterlässt. Einen Scherbenhaufen aus Lügen und leeren Versprechungen, doch das, was wir „Persönlichkeit" nennen, hast du in das Wort „Ego" verwandelt und Ego ist schlecht, obwohl du selbstverständlich längst nicht mehr urteilst.

Weißt du, all die Bücher, die du gelesen hast, haben dich letztendlich einfach nur verwirrt. Zu viele Wahrheiten, haben deine eigene Weisheit überdeckt, zu viele Seminare haben deine Klarheit verblendet, zu viele Erklärungen haben dir den Zauber genommen, den Zauber der Unschuld und der Fragen, die sich nie in Antworten verwandeln.

All die esoterischen Dogmen haben sich wie Kleister in deine Zellen gelegt und dich wieder zur Marionette gemacht, obwohl du eigentlich nur frei sein wolltest. In dieser Szene gibt es mehr Gesetze und Verbote als in der Kirche. Du darfst kein Fleisch essen, du darfst nicht wütend sein, du darfst nicht werten, du darfst nicht fluchen, du musst dich verhalten wie ein Engel, du musst bedingungslos lieben, dich weiblich kleiden, Mantren singend im Kreis sitzen, trommelnd ums Feuer tanzen und du musst daran glauben, damit die Welt zu retten. Du hast damit begonnen, dich vor negativen Energien zu schützen, und du bist gar nicht mehr nachgekommen damit, weil dir dauernd dunkle Energien begegnet sind, die du so schnell wie möglich wieder loswerden wolltest.

So hast du dich immer mehr in die Illusion der Trennung begeben und deine Sehnsucht nach der Einheit wurde dadurch immer größer. Mehr denn je hast du begonnen, die Dinge einzuteilen in gut und böse, in spirituell und nicht spirituell, in Licht und Schatten. Letztendlich strebst du an, dein Menschsein aufzugeben, doch wir sind als Mensch gekommen und vielleicht geht es einzig und allein darum, dieses Menschsein anzunehmen. Doch du bist allmählich auf einem Weg gelandet, der als „Weg zur Freiheit“ beschildert war, doch schleichend und heimlich zum „Pfad der vielen Dogmen“ wurde. Und dann hast du angefangen, all deine Muster und Blockaden aufzulösen, um ein besserer und heilerer Mensch zu werden. Doch irgendwie ist es geschehen, dass du dich von diesem „heilen Menschen“, der du sein wolltest, immer weiter entfernt hast, denn kaum hast du eine Blockade aufgelöst, ist die nächste erschienen und kaum war der eine Prozess durchgestanden, hat sich der nächste Abgrund aufgetan. Und als du allmählich all die Traumen deiner Kindheit erkannt hast, ist dir klar geworden, dass aus deinem letzten Leben als Priesterin in Atlantis und als Hexe im Mittelalter weitere Dramen und Verletzungen darauf warten, angeschaut und geheilt zu werden.

Jeder Mensch, den du getroffen hast, hatte einen neuen tollen Tipp für dich. So hast du dir Methoden über Methoden angeeignet, viele Techniken hast du gelernt, Heilsteine haben dein Wasser belebt und das Om-Zeichen auf deiner Kleidung hat dich irgendwie entspannt. Doch diese tiefe Leere in deinem Inneren ist trotzdem geblieben und wenn du genau hinsiehst, ist sie sogar noch größer geworden, weil die vielen Dinge, die du getan hast, um zu werden, wer du sein willst, dich von dem, der du bist, immer weiter entfernt haben. Denn du hast das alles nur getan, weil du so, wie du bist, nicht liebenswert genug und nicht schön genug und nicht heil genug bist. Du hast es getan, weil du nicht genug bist.

Doch, Baby, ich sage dir, du warst immer genug. Du bist genug. Du brauchst nichts tun, um genug zu sein. Kannst du dir vorstellen, einfach perfekt zu sein, wie du jetzt gerade bist? Du hast mir gesagt, dass du keine Lust mehr hast auf all die Dramen und auf die Krücken, die du im Laufe des Lebens gesammelt hast. Und obwohl diese Krücken phasenweise wichtig waren für dich, so sage ich dir jetzt:

Hey Baby, schmeiß deine Krücken weg, lass es gut sein und geh tanzen. Schmeiß deine verdammte Om-Kleidung davon und tanze nackt so wild du nur kannst. Bade nackt in den Wellen der Welt und bade, so lange du willst. Hey Baby, ich sage dir, schmeiß deine Bücher davon und vergiss alles, was du darin gelesen hast und öffne nun ein Buch mit weißen Seiten, das von deiner Feder der Unschuld gefüllt werden will – und vergiss nicht, auch dieses Buch vom Wind davontragen zu lassen, sobald es angefüllt von deinen Worten im Regal verblasst.

Hey Baby, mach das, wovor du dich immer gefürchtet hast, sei nicht nett, sondern echt und lass dein Lächeln los. Deine Maske braucht die Welt nicht mehr. Lass deine Tränen fließen, so wie der Himmel seine Tropfen über die Erde ergießt, wann immer ihm danach ist und beginne zu fluchen, wenn es der Moment so will.

Ich sage dir, hey Baby, lass es gut sein und geh tanzen!

Wenn dich eine Mondfrau in sich aufnimmt, dann öffnet sie sich ganz und gar und du darfst eintauchen in ihren Körper, in ihre Seele, in ihr tiefstes Sein.

Wen lädst du ein in deinen Tempel, jetzt,
wo du weißt, dass er heilig ist?
Wahre deinen Raum und wisse, der goldene Atem der
Weiblichkeit strömt durch deine Hingabe in die Welt.
Öffne dein kostbares Himmelstor nur, wenn
ein heiliges Lied zwischen euch tanzt
und du seinen tiefsten Klang spüren darfst.
Öffne dich nur, wenn du für diesen einen Augenblick fühlst,
dass du die einzige Göttin für ihn bist.
Dein Tor zur Dunkelheit ist das Tor zum Leben.
Dein Tor zum Leben ist der Weg ins Licht.

Wen lädst du ein in deinen Tempel, jetzt, wo du
weißt, dass du eine Lichtbringerin bist,
die sterbend gebären und gebärend sterben kann?
Nimm dir deinen Raum in der Welt,
verbinde dein Himmelstor mit dem Puls-
schlag von Mutter Erde
und singe deine Klänge in die Welt.
Welcher Gesang dich wohl durchströmt,
jetzt, wo du weißt, dass du Freiheit atmest?

Langsamkeit

Geliebte Mondfrau, schon oft hast du dich zu früh geöffnet, hast die Männlichkeit in dir aufgenommen, obwohl du lange noch nicht bereit warst. Du hast dies getan, weil du dich nach Liebe gesehnt hast, weil du haben wolltest, was du dir selbst nicht bereit warst zu geben. Dein Bestreben zu halten, was noch nicht bereit war, freiwillig zu bleiben, war anstrengend und hat dich viel Energie gekostet. Und jedes Mal, wenn du dich geöffnet hast, obwohl dein Herz noch nicht ganz und gar geöffnet war, fühltest du dich leer und benutzt und deine Sehnsucht wurde nicht gestillt, sondern sie wuchs in den Armen, die dich hielten und doch nicht spüren konnten.

So oft haben wir uns zu früh geöffnet, so dass wir das Wunder nicht empfangen konnten. So oft fühlten wir uns missbraucht

– doch seht ihr, dass wir auch die Männlichkeit missbraucht haben? Wir haben etwas (miss-)braucht im Außen, weil wir nicht ganz waren in uns. Könnt ihr erkennen, dass wir uns der männlichen Energie angepasst haben? Ich spreche von all den Momenten, in denen ihr Ja gesagt habt, obwohl tief in eurer Seele ein klares Nein zu spüren war. Ich spreche von all den Momenten, in denen ihr mit einem Mann geschlafen habt und die Seelen noch nicht verschmolzen waren. Ich spreche von all den Augenblicken, in denen, auf welcher Ebene auch immer, in euch eingedrungen wurde, obwohl ein Teil von euch noch verschlossen war.

Und so möchte ich euch an die Langsamkeit eurer Seele erinnern. Seelen verschmelzen langsam, Herzen brauchen Zeit, um sich ganz und gar zu öffnen. Und der Körper sollte der letzte Teil sein, der sich öffnet, um ganzheitlich zu verschmelzen.

Es ist die Aufgabe von uns Frauen, die Männer mit in diese Langsamkeit zu nehmen. Es ist unsere Aufgabe, das Tempo vorzugeben, ganz tief bei uns zu bleiben und in jedem Moment zu spüren, wie weit wir wirklich bereit sind, jetzt in diesem Augenblick zu gehen. Und in dieser Achtsamkeit, in diesem allertiefsten Vertrauen, in dieser Hingabe an das Allertiefste, kann Heilung zwischen dem Männlichen und dem Weiblichen geschehen, die tiefer nicht sein könnte.

Warte auf jemanden, mit dem du eins bist, ohne dass in dich eingedrungen wird, mit dem du im Liebestanz entflammst, ohne Sex zu haben. Warte auf denjenigen, der dich wirklich sieht, nackt, verletzbar und der jede deiner Narben mit Seelenküssen bedeckt. Warte auf denjenigen, der mit dir spricht, ohne zu reden, der dich versteht, ohne zu fragen, der in dir liest wie in einem Buch, weil du dich öffnest, weil du angekommen bist. Warte auf jemanden, den du streichelst, ob innen oder außen – und dich selbst dabei berührst.

Und dann erst, allmählich, entdeckt auch eure Körper – im Sinnestanz – weil ihr euch beschenken wollt, weil ihr ineinanderfließend alle Flammen in Euch vereint. EINS – sein.

Geliebte Mondtänzerin, erkenne, dass die männliche und weibliche Welt nun ineinanderfließen darf. Es gibt keine innere und keine äußere Welt … es ist eins. Die vermeintlichen Trennungen dürfen nun zerfließen, scheinbare Gegensätze dürfen sich liebend vereinen. Ohne Sonne gibt es keinen Mond. Ohne Nacht gibt es keinen Tag. Ohne dich gibt es auch mich nicht.

Mondtänzerin, lass dich tragen vom Sonnenklang, lass dich liebend emporheben in himmlische Gefilde, damit die Erde dich, aufnehmend in sich, lieben kann.

Tanzt zum Klang der Mondin, zum Flüstern der Sterne, zum Rufen der Sonne. Tanzt zum Feuer der würdevollen Männlichkeit, die deine Kraft in die Unendlichkeit trägt.

Oh, lasst uns alle heimkehren in unsere Mitte, in die Welt, in der wir aufhören, uns zu bekriegen, in die Wirklichkeit, aus der wir kommen, weil wir nie getrennt waren. Lasst uns alle heimkehren. Lasst uns heimkehren … heimkehren, tief in uns zurück. Geliebte Mondtänzerin, die Sonnenkraft trommelt Leben in unsere Seele, lass uns dazu singen.

☾

Mondfrau, es ist an der Zeit, den träumenden Krieger in dir zu erwecken. Der Krieger in dir hat lange geschlafen. Du hast ihn, wie so vieles, am falschen Ort gesucht. Der Krieger, den du vermisst hast, war immer in dir. Lass ihn nun aufstehen. Lass ihn frei. Gib ihm seinen Raum in dir.

Geliebter Krieger, ich erlaube dir, nun aufzustehen in mir und mit mir diesen Weg zu gehen. Du bist willkommen in meinem Herzen und ich weiß nicht, wie es passieren konnte, dass ich dich so lange nicht gesehen habe, doch jetzt kann ich dich fühlen und ich bitte dich nun, aufzuwachen.

Deine Klarheit, deine Kraft, dein grenzenloser Wille sind es, die mir gefehlt haben und immer, wenn diese Qualitäten in mir aufblitzen, bin ich erschrocken. Doch es war genau das, wonach ich mich sehnte.

☾

Wenn du in eine Mondfrau eindringst, dann dringst du in die dunkelste Nacht ein, und wenn du bereit bist, wird sie ein Feuer in dir entfachen, das deine Seele für immer leuchten lässt.

Träumender Krieger, heute spreche ich zu dir. Ich spreche zu dir, weil du unsicher geworden bist. Du wünschst dir eine starke Kriegerin an deiner Seite und doch macht sie dir Angst.

Träumender Krieger, ich habe das Feuer in deinem Herzen gespürt und ich fühle deine Traurigkeit, deine Sehnsucht, deine unendliche Kraft. Ich fühle deine Entschlossenheit und all das, was dich bremst. Doch glaube mir, ich sehe noch mehr. Ich sehe das Leuchten in dir, das Leuchten eines Träumers, der die Unendlichkeit kennt. Ich sehe den Krieger in dir, der an seinem eigenen Glühen verbrennt. Dein Verlangen ist nicht von dieser Welt und doch wirst du in dieser Welt erwartet. Auch für dich ist es Zeit, allmählich aufzustehen. Ich reiche dir meine Hand. Ich reiche dir mein Herz. Ich reiche dir mein Feuer.

Träumender Krieger, ich erkenne dich an deinen Augen, die mir ein Tor zur Unendlichkeit sind. Ich erkenne dich an deinem aufrechten Gang, an deiner Art, mich anzusehen. Ich erkenne dich an deinem Leuchten, denn dieses Leuchten gibt es nur in meinem Stamm.

Träumender Krieger, ich erkenne dich an deinem Blick, der mir altvertraut und neu zugleich in die tiefste Seele schaut. Ich erkenne dich an deinem unverwechselbaren Klang. Vor allen Dingen aber erkenne ich dich an dem, was ich fühle, sobald du mir gegenüberstehst und an dem, was ich bin, wenn du neben mir am Ufer entlang gehst, am Ufer unserer Träume. Neue Räume öffnen sich, wenn sich unsere Seelen berühren. Neue Räume führen in unbekannte Welten. Und nun, mein träumender Krieger, entscheide, ob du bereit bist für diese Sphären, ob du bereit bist, weiterzugehen. Ich reiche dir meine Hand, doch ich werde nicht auf dich warten.

Geliebter Mann, bitte lass mich Frau sein. Erwarte nicht von mir, dass ich deinen Job übernehme.

Geliebter Mann, bitte schenke mir Langsamkeit. Schenke mir Zeit, damit ich mich vollends öffnen kann, bevor du meinen heiligen Tempel betrittst.

Ich bin schon weit gegangen auf meinem Weg. Ich ging alleine. Doch um vollends in meiner Weiblichkeit zu erblühen, brauche ich dich, geliebter Mann. Bitte lass mich Frau sein. Was es für dich zu tun gibt, fragst du mich. Weißt du, um mich als Frau zu erfahren, braucht es dich als Mann. Es ist nicht deine Aufgabe, meine Rolle zu übernehmen, es ist dein Job, deine Rolle auszufüllen, so dass ich in meiner erblühen kann.

Weißt du, geliebter Krieger, ich wünsche mir so sehr, dass ich wild sein darf und dass mein Chaos mit deiner Kraft gehalten wird. Frei und ungezügelt möchte ich mich in die tiefste Lust fallen lassen und mich, schreiend vor Erleichterung, immer weiter ausdehnen in die ewige Weite. Dass ich fliegen darf und gleichzeitig gehalten werde, dass ich tausend Tode sterbe, während ich erfahre, was Leben bedeutet, dass ich still getragen bin und gleichzeitig fallen kann.

Bitte, Mann, beschütze mich. Bleib bei mir, wenn es dunkel wird, bleib bei mir und halte mich, wenn der tiefste Urschmerz mich durchspült. Halte mich fest und sei da. Dies ist kein Wunsch, der aus der Bedürftigkeit resultiert, denn ich habe erfahren, dass ich selbst für mich sorgen kann und dass mein offenes Herz mein tiefster Schutz ist. Doch, lieber Krieger, es entspricht deiner Urkraft, mich zu beschützen und meiner tiefsten Quelle, mich halten zu lassen und dich hinter mir zu spüren. Umschließe mich mit deiner Kraft, halte mich mit deinem Feuer, beschenke mich mit deinem Licht, ich werde leuchten für dich und uns den Weg weisen. Folge mir bitte, denn ich spüre unseren Weg, ich sehe unsere Pfade, folge mir, ich werde uns führen.

Weißt du, geliebter Mann, wenn du in mich eindringst mit deinem Herzen, deiner Seele, deinem Körper, dann wisse, dass du einen Tempel betrittst, der dich für mich immer verwandeln wird. Denn dort wird ein Feuer in dir entfacht, das alles sichtbar macht, was du so lange zu verbergen versuchtest. Doch nun, wo du den Mut hattest, diesen Tempel zu betreten, gibt es kein Entkommen mehr. Du wirst dich sehen und du wirst vieles erleben, was dich glücklich macht. Du wirst vieles spüren, was dich mit Frieden erfüllt. Und du wirst vieles erkennen, was dir Angst bereitet. Doch wenn die Liebe dich begleitet, wird sich alles wandeln, was sich nun wandeln möchte. Weißt du, geliebter Mann, wenn du in mich eindringst, dann bringst du mir deine tiefste Kraft und ich schenke dir meine Liebe, die ein Feuer für uns entfacht, das uns strahlen lässt wie niemals zuvor. Wir werden uns gegenseitig emporheben in heilige Gefilde, die uns geborgen umhüllen, uns erfüllen mit dem allertiefsten Frieden, weil wir angekommen sind.

Bist du bereit, geliebter Mann, bist du bereit, mich zu halten in meinem Schmerz, der seit Urzeiten in mir tobt? Der in allen Frauen schläft und wütet, der in allen Frauen verborgen liegt und den ich nun befreien darf, mit deinem Schutz? Kannst du bleiben, wenn ich schreie vor uralter Wut und Verzweiflung? Kannst du bleiben, wenn ich weglaufe, weil ich deine Nähe nicht mehr ertragen kann, weil so viele deiner Brüder mir zu nahegetreten sind? Kannst du bleiben und mich halten und da sein, einfach da sein, in Momenten, in denen ich viel zu oft alleine war und mich versteckt habe vor Scham und Verlegenheit? Meine Tränen sind in vertrocknete Bachläufe geflossen und niemand war da, wenn ich geschrien habe vor Einsamkeit.

Kannst du bleiben, geliebter Mann, ohne dich schuldig zu fühlen? Denn es warst nicht du, der mich verletzt und betrogen hat. Es warst nicht du, der mir zu nahekam. Es warst nicht du, der in mich eindrang, obwohl ich nicht bereit war. Doch du bist es, der jetzt da ist, der mich hält, während meine Mauer fällt und ich nackt in deinen Armen meine Verletzbarkeit spüre.

Weißt du, wenn du in mich eindringst, dann dringst du auch in meinen tiefsten Schmerz ein, denn dort, in mir, sind Verletzungen aus uralten Zeiten, Wunden aus vergangenen Kämpfen, Tränen aus stillen Versuchen, mich zu wehren.

Mit deinem Eintauchen in meine Yoni dringst du in meine Unterwelt ein. Du betrittst meine Dunkelheit, mein Tor zum Leben, mein Tor zum Tod und du wirst darin dem Ursprung des Seins begegnen. Du betrittst den Ort, an dem die Geburt sterbend ins Leben trägt, was bereit ist, sich zu verwandeln. Du wirst viel Leichtigkeit und Freude mit mir erfahren, doch unterschätze niemals die unteren Welten, die sich nun für dich öffnen und all die Dämonen der dunkelsten Stunde, die von dir gesehen werden möchten, weil sie durch unser Feuer im Licht stehen wie niemals zuvor.

All deine Schattenwelten werden sich nun für dich öffnen und es liegt allein an dir, ob du bereit bist, dich dem zuzuwenden, vor dem du bisher erfolgreich geflohen bist.

Wenn du meine Unterwelt betrittst, tauchst du in die dunkelste Nacht ein. Funkelnde Sterne werden dich begrüßen und der Gesang der Mondin wird dich geborgen durch alle alten Pfade lotsen. Doch es gibt Nächte, in denen ist es stockfinster und still. In jenen Nächten will das Leben dich an all die Sterne in dir erinnern und die Mondin will in dir träumend von deinen Sonnenstrahlen umarmt werden.

Wenn du spürst, wie die Tage ihre Augen schließen und du Heimat findest in stillen Nächten, die sich lange nach dir sehnten, dann wirst du ankommen in dir und die Tage werden ihre Augen öffnen und wach sein wie niemals zuvor.

Bevor du in mich eingetaucht bist, geliebter Mann, hast du nur mein Licht gesehen und mein Lachen klang süß in deinen Ohren. Doch du hast übersehen, dass mein Licht aus der Dunkelheit emporsteigt und dass mein Lachen hinter vielen Tränen ins Leben geboren ist.

Und so bitte ich dich, geliebter Mann, wenn du Angst vor deinem Schatten hast, dann verzichte auf den Weg mit mir, denn ich bin nicht gemacht für seichte Brunnen und geteerte Wege, die schon vorgegeben sind.

Wenn du eine Mondfrau liebst, dann bist du bereit, deinem tiefsten Wesen zu begegnen, denn sie wird dich einladen auf eine Reise zu deiner Essenz.

Ich komme in dein Leben, wenn du bereit bist für diese Nähe. Denn du wirst mit mir an deiner Seite unendlich frei sein und dich dennoch so intensiv spüren wie niemand vor dir. Du wirst dich aufrichten, denn du hast eine starke Kriegerin an deiner Seite, die dich in deiner Größe erleben will. Zeige dich aufrichtig und so ehrlich wie nie zuvor, denn jede Unwahrheit wird in diesem gewaltigen Feuer sofort sichtbar. Jede kleine Lüge wird enttarnt, weil sich nur noch halten kann, was sich in tiefster liebender Wahrheit offenbart.

Und so wirst du immer tiefer deine eigene, klare Wahrheit erkennen und das beim Namen nennen, was dich bewegt, was dich mit Stolz durch den bewaldeten Pfad trägt, was dich auf freien Feldern das erspüren lässt, was du immer warst und sein wirst. Ich komme in dein Leben, um dir zu zeigen, was hinter all dem möglich ist, was du bisher erfahren hast und um mich zu verneigen vor dem, was du mitbringst, um es freizulassen.

Geliebter Mann, diese Reise wird uns beide verändern, sie wird keinen Stein auf dem anderen lassen, sie wird uns zu dem machen, was wir immer waren, doch zu lange nicht sahen. Ich verneige mich vor deinem Mut, vor deiner Schönheit, vor deinem Verlangen. Dass du mir gegenüberstehst, dass du neben mir gehst, dass du bei mir bist, das grenzt an ein Wunder, nach dem ich mich immer gesehnt habe.

Doch tatsächlich bist du erst gekommen, als ich aufgehört habe, mich nach dir zu sehnen. Du bist erst gekommen, als du in mir geboren warst und deine Kraft mich durchdrang, obwohl du noch in weiter Ferne warst. Du bist erst gekommen, als ich bereit war, mit mir alleine zu sein und mich selbst schützend durch den Tag zu tragen. Du bist erst gekommen, als ich bereit war, meinen Weg alleine zu gehen und für mich selbst zu stehen. Aufrecht und stolz. Und so bist du gekommen, um diesen heiligen Tanz mit mir zu genießen. Den Tanz unserer Seelen, unserer Lippen, unserer Herzen. Dieser Tanz zwischen uns nährt sich aus Nähe und Ferne, aus sanften Geschichten der Sterne und wilden Wegen, die wir in unseren neuen Morgen weben. Und ich liebe unseren Tanz, ich liebe unsere Nähe und ich liebe die fernen Stunden, in denen ich unserem Wiedersehen sehnsuchtsvoll entgegenblicke. Ich liebe es, dich zu lieben und ich liebe es, dass ich eins mit dir bin und mich doch in unserer Gegensätzlichkeit spüre wie niemals zuvor. Denn dort, wo deine Kraft auf meine Sanftheit trifft, dort vereinen sich Welten. Und dort, wo meine Wildheit auf deinen Schutz trifft, da öffnen sich Türen zu Räumen, die etwas entfalten lassen, was sich nicht mehr halten kann. Oh, geliebter Mann, weißt du, ohne dich wäre es nicht möglich, mich als Frau zu erfahren. Du machst mich ganz. Und jetzt, wo du in mir bist, kann ich dich freilassen und du kannst bei mir sein, solange du magst und du kannst weiterziehen, ohne mir das Herz zu brechen, weil du mir deine tiefste Kraft bereits geschenkt hast.

Du bist erst gekommen, als ich bereit war, trotz unserer intensiven Verbundenheit bei mir zu bleiben und trotz unserer gemeinsamen Wege meine eigenen Pfade friedvoll zu gehen. Du bist erst gekommen, als auch ich bereit war, dich auf deinen Pfaden wandeln zu lassen und deiner Weisheit zu vertrauen, die dich zurückkehren lässt, wann immer du bereit bist.

Wenn du zu mir kommst, mein müder Krieger, dann bin ich da, um dich zu halten.

Du siehst erschöpft aus. Ich weiß nicht, welche Kämpfe dich diesmal zum Erliegen brachten, welche Ängste dich nachts wach hielten, welche Kräfte du mobilisiert hast, um aufrecht stehen zu bleiben, als es erforderlich war, deinen Stolz zu zeigen. Ich verneige mich vor deinem Willen und deiner Entschlossenheit.

Ich verneige mich vor deinem Mut, dich so zu zeigen und vor deiner Stärke, in meinen Armen in deine Tränen zu sinken. Lass dich fallen, geliebter Krieger, diesmal werde ich dich halten, so wie du mich in vielen Nächten tragend von all dem Leid befreitest, das mich zum Schluchzen brachte. Lass dich fallen, müder Krieger, ich bin da, um dir Ruhe in die Seele zu streicheln, um Zärtlichkeit in deinen angespannten Körper zu hauchen, um dich in Geborgenheit zu hüllen und in Stille zu tauchen, die nichts als Frieden zurücklässt. Mein müder Krieger, wenn du zu mir kommst, dann bin ich da, um dich zu halten ...

Lieber Mann,

ich bin nicht mehr bereit, deine Themen zu lösen und deine Unzulänglichkeiten auszugleichen. Ich möchte nun, dass du deine Verantwortung für dich selber trägst und selber bereit bist, die tiefe See deiner Gefühle zu erkunden. Ich werde nicht mehr deine Emotionen zu meinen machen und deine vielen Spinnweben aus unserem Haus entfernen. Ich bitte dich auch, stille Stunden zu finden, in denen du mit dir allein in dich eintauchst und dort hinsiehst, wo bisher nur Dunkelheit war. Weißt du, mit mir wird alles beleuchtet, was nach Heilung ruft und du selbst bist es, der dort hinzusehen hat. Ich begleite dich gerne, doch ich werde nicht versuchen, dir abzunehmen, was nur du selbst erlösen kannst.

Geschichten, die in engen Gassen verhallen – einst lebendig –
doch der Wind hat sie in die Türen geflüstert,
die nun verschlossen bleiben,
weil das Abendlicht die letzten Lieder singt.

Geschichten, die in vertrockneten Küstendörfern leben,
dort bleiben sie geheim, weil sie niemand in die Flammen
der Morgenröte tanzt.

Weißt du, hinter all den Geschichten
zaubert das Glitzern des Meeres
neue Gesänge in die Seelen der Sehnsucht und dort,
dort werden sie als verschlossene Muscheln an Land gespült.
Perlen sind im Mondlicht zu finden, weil sie aufstehen,
wenn das Dunkel sie geborgen umhüllt und
tiefste Lieder in die Segel streichelt –
so kehrt dein Boot in die Bucht zurück,
die auf dich gewartet hat.

Geschichten gleiten in die Ewigkeit, wenn sie,
befreit vom Zauber des Augenblicks,
unendlich leise geküsst werden und
sich vereinen mit deinem JA –
zu allen Wellen, die dich gefangen hielten.

Geschichten, die in engen Gassen verhallen, werden bewahrt
und vom Sommerregen in die sanften Lilien gestreichelt.
Und dann kehrt das Abendlied in den Morgen zurück.

Geliebte Mondfrau,

hör auf, dir einreden zu lassen, dass mit dir etwas nicht stimmt. Vielleicht bist du auf deinem Weg zur Heilung zu sehr in jenen Räumen in dir hängen geblieben, in denen noch Dunkelheit und Kälte vorherrschen.

Ich verstehe dich. Du wolltest alles in dir sehen, alles erkunden, du wolltest dich erkennen und alles, was dir widerfahren ist in deinen vielen Leben, beim Namen nennen. Doch du verläufst dich zu sehr in jenen Räumen, die nach Heilung rufen. Du gibst jenen Räumen zu viel Energie und so entdeckst du immer mehr Bereiche in dir, die kalt und dunkel sind und du merkst, dass keine Heilung geschieht, sondern dass du dich immer mehr im Kreis drehst.

Weißt du, du kannst noch viele Jahrzehnte lang in diesen Räumen bleiben, du kannst für immer in diesen Räumen wühlen. Du kannst Raum für Raum abstauben, lüften, von uralten Möbeln befreien. Du kannst dich in jedem Raum weinend betrauern, du kannst dich in jedem Raum bemitleiden. Es geht immer weiter. Diese dunklen Räume enden nicht. Sie sind endlos. Du bist endlos. Und du hast unendlich oft gelebt und so viele Verletzungen erfahren, dass du sie niemals zählen kannst. Die Tränen der Narben aus längst vergangener Zeit können ganze Länder überfluten. Die Wut aus fernen Monden kann wie ein Fegefeuer alles vernichten, was du erschaffen hast. Doch es macht keinen Sinn.

Es reicht, diesen einen Raum zu finden, diesen einen Raum, in dem es hell ist. Diesen einen Raum, an dem Frieden ist. Diesen einen Raum, der unendlich still in dir verweilt. Diesen einen Raum, den du nie betreten hast, weil du zu sehr auf der Suche warst nach den dunklen Ecken, weil du das gesucht hast, was du verstaubt in vielen Kellern versuchtest zu verstecken.

Doch glaube mir, wenn du in diesem einen Raum verweilst, der heil ist, weil er immer heil war und dort die Fenster und Türen öffnest, dann durchflutest du mit dieser Kraft all die anderen Räume, ohne dass du sie jemals betreten musst. Von dort aus geschieht die tiefste Heilung, die nur geschehen kann. Dies ist dein heiliger Raum. Dies ist der Raum, der immer für dich geöffnet ist. Es darf einfach sein. Es darf leicht gehen. Leben darf Freude machen.

Hab keine Angst, geliebte Schwester. In diesem Raum kannst du nichts übersehen. Es ist nicht der Raum, in dem du alles ausblendest und verdrängst. Es ist nicht der Raum, der keine Dunkelheit kennt oder die Dinge nicht beim Namen nennt. In diesem Raum ist die tiefste und reinste Wahrheit verankert und dieses Licht, das heller nicht sein könnte, wird alles sichtbar machen. All deine Räume werden erhellt. All deine Narben kommen ans Licht. Alle deine Wunden erfahren Heilung, ohne dass du dich an jede Wunde erinnerst. Es ist nicht wichtig, zu jeder einzelnen Wunde eine Geschichte zu erfinden. Es ist nicht wichtig, jede Narbe zu betrauern.

Doch es ist wichtig, dass wir uns in diesem Raum in uns, der voller Liebe ist, wohnlich einrichten. Und alles andere wird geschehen. Lass los. Lass die Räume Räume sein. Lass die Räume dunkel sein. Lass den Staub in der Mittagssonne glitzern. Lass dich los. Lass dich sein, wie du bist und bleibe in diesem einen Raum. Von hier aus geschieht alles, was wahr und richtig ist für dich.

Das, was du wirklich bist, hat kein Interesse an diesen dunklen, kalten Räumen. Das, was du wirklich bist, hat kein Interesse an alten Narben und an Staub aus uralten Tagen. Das, was du wirklich bist, hat nicht mal Interesse an Heilung. Denn das, was du wirklich bist, ist heil.

Das, was du wirklich bist, wartet in diesem einen Raum auf dich. Es wartet dort – doch es hat nicht mal Interesse daran, dass du heimkehrst, weil du immer daheim warst. Denn dort gibt es keine Zeit. Dort gibt es kein Ziel. Dort gibt es keine Trennung. Du selbst glaubst, getrennt zu sein, doch diese Trennung existiert nur in deiner Vorstellung. All diese dunklen Räume existieren nur in deinen Gedanken. Alle Schranken sind nur in deinem Kopf.

Schau dich um. Du siehst bis in die Unendlichkeit – bis zu den Tänzen der Sterne, bis zum Ende, in dem ein neuer Anfang wohnt.

Sonnenklang & Mondgesang

Als die stille, weise Mondin
auch in letzter Nacht
ihre Sanftheit um mich legte …
ach ... ich schlief so tief in ihren Armen ...
flüsterte sie mir das geheime Wissen
der Sterne in meine Seele ...

Der Mondgesang trägt mich fort ... so weit fort ...
in meine Heimat zurück ...
kennst du diesen Ort ...
tief in dir ... so tief in dir ... so tief ...

Doch als in der Morgendämmerung ...
der Sonnenklang zum Erwachen rief ...
und die beiden sich liebend vereinten,
da blieb die Zeit einfach stehen ... und es wurde still ...
für einen Augenblick, der in die Unendlichkeit fiel ...

Die Mondfrau strahlt und zeigt sich offen der Welt. In diesen Phasen verschenkt sie alles, was sie hat, wohlwissend, dass sie selbst das grösste Geschenk ist.

Als gäbe es nichts zu verlieren, leuchten die Mondfrauen – lebendig, weil sie längst verloren haben, was sie am meisten fürchteten, weil sie längst gestorben sind und sich im Leben wiederfanden. Weil sie längst aufgehört haben, nach dem Perfekten zu suchen. Als gäbe es nichts zu verlieren, hat sie aufgehört, sich an Seilen festzuklammern, an Seilen, die ihr oft zum Verhängnis wurden, weil sie sich darin verheddert hat, um dann nach Freiheit zu schreien. All die Seile, die uns binden, finden wir in unseren eigenen Gärten. Als gäbe es nichts zu verlieren, stehen sie nun auf, die Mondfrauen der träumenden Wirklichkeit, und zeigen sich der Welt.

Weißt du, geliebte Mondfrau, du bist auf
die Erde gekommen, um zu gebären.
Du bist gekommen, um Leben auf die Erde zu bringen.
Du selbst bist das Leben.
Das Leben selbst bist du.
Und nun verschenke dich.
Verschenke dich an das einzig Ewige.
Wenn du Liebe und Freiheit suchst, dann führt kein
Weg an dir vorbei, denn wenn du dich der Freiheit
öffnest, wirst du Liebe empfangen, und wenn du dich
der Liebe öffnest, wirst du Freiheit empfangen.
Du wirst dich gebären ... weil du abertausend Mal
in dir gestorben bist ... weil du LEBEN bist.
Du wirst dich gebären, weil du
empfangen hast, was nie verloren war.
Und nun steh allmählich auf. Steh auf
und trage dein Feuer in die Welt.

Geliebte Wanderin der Erde, du Reisende zwischen den Welten, erinnere dich ... deine wahre Berufung bereits seit deiner Geburt erfüllend, darfst du nun tanzend deinen sinnlichen Klang in die Welt weben. Dein Duft ist es, der alles um dich herum in einen leidenschaftlichen Zauber verwandelt.

Bist du bereit für eine Zeit, in der Leichtigkeit zu deinem Wegweiser und Verletzlichkeit zu deiner Kraftquelle wird?

Mit allen Kräften des Universums verwoben, eingebettet in die Geborgenheit des Seins, warst du immer schon vereint mit allem, was dich berührt.

Den Samen des Augenblicks empfangend und ins Leben gebärend, was sich durch dich verschenken möchte, wird dein Weg sich formen, indem du geschehen lässt, was geschehen will.

Die Welle deiner tiefsten Liebe, vereint mit dem allerhöchsten Willen, wird dich friedvoll an dein Ufer tragen und alle Fragen werden sich in Antworten verwandeln und alle Antworten werden im Ozean der Stille zerfließen.

Das größte Geschenk, das du einem Menschen
machen kannst, ist,
ihm deine Präsenz zu schenken.
Wenn du einem Menschen deine
volle Aufmerksamkeit schenkst,
nimmst du ihn wahr.
Wenn ein Mensch wahrgenommen wird,
fühlt er sich gesehen.
Wenn ein Mensch wirklich mit dem Herzen gesehen wird,
geschieht Heilung.
Es ist so einfach.

Siehst du, Göttin der Nacht, dahinten geht die Sonne auf –
dort wirst du gesehen.
Zeige dich im Glanz der ersten Sonnenstrahlen.
So lange wurdest du erwartet,
in deinem Rhythmus, der dich zum Glühen bringt ...
in deinem Tanz, der dich brennen lässt – lichterloh.

Sanftheit ist die tiefste Kraft – doch
Zärtlichkeit erfordert Mut ...
denn leise fällst du abgrundtief ...
dorthin,
wo die stillste Sehnsucht nach dir rief ...

Es ist Zeit, nach Hause zurückzukehren …
doch du wirst es wissen,
wenn du hinter den Wellen in die Unendlichkeit fließt.

„Vielleicht kannst du dich erinnern“,
sang die Mondin in mein Herz ...,
„vielleicht erinnerst du dich, wenn du dich zurücklehnst
und hinter meinem sehnsuchtsvollen Gesang
in den Duft des Morgenwindes fällst ...“

Leise und still fließt die Liebe dorthin,
wo der Mondgesang mit dem Sonnenklang
verschmelzen will.

Siehst du, Göttin der Nacht, dahinten geht die Sonne auf –
in der dunkelsten Stunde erwacht ...
ins Leben gestorben ... in den Augenblick geboren.
Auserkoren, um lebendig zu sein.

Leise und still ... fließt die Liebe dorthin,
wo der Himmel sich öffnen will.

In deinem neuen, altvertrauten Blick …
sehe ich mich selbst und in deinem Wort liegt ein Klang,
der vor vielen Monden leise in meine Seele drang.
An einem Ort jenseits dieser Zeit
war ich bereit, dich jetzt zu empfangen – in mir.
Und glaub mir, ich spüre dich zutiefst,
seitdem du meinen Namen riefst –
so still in der zärtlichsten Stunde.
Keine Wunde bleibt mit dir im Schatten –
keine Erinnerung unentdeckt.
Alles, was noch versteckt in den Tiefen vergraben,
fliegt empor in sichtbare Welten.
So erhellten sich allmählich und sanft alle Gaben,
die sich im Sternentanz vereinten.
In deinem neuen, altvertrauten Blick …
sehe ich mich selbst und in deinem Wort liegt ein Klang,
der in den Ort meiner tiefsten Seele drang. EINS.

Und dann, allmählich, zieht sie sich ganz in sich selbst zurück, denn ihre Kraft schöpft sie aus der Stille.

Wenn die Welt im Außen zum Stillstand kommt, dann spürst du, was in dir in Bewegung ist. Erst dann gibt es kein Entkommen mehr vor dem, was dich wahrlich von innen heraus berührt, vor dem, was dich zum Erliegen bringt, vor dem, was deiner allertiefsten Quelle entspringt.

Wenn die Welt im Außen zum Stillstand kommt, dann spürst du das, was dich von allem trennt und dahinter wird das für dich erlebbar, was dich mit allem verbindet. Und dort ist der Raum, der dich heilen lässt, weil dort immer schon alles heil war.

Doch diesen Ort wirst du niemals finden, solange du in deiner Schnelligkeit durch die Welt hastest, und diesen Ort wirst du nicht finden, solange du vor dir selbst fliehst, denn all die Schnelligkeit ist immer nur eine Flucht vor dem, was sich unter deiner Fassade verbirgt. Die Fassade bröckelt nicht, solange du lächelst. Diese Fassade bröckelt nicht, solange du schnell genug läufst. Doch die Fassade bröckelt, wenn du stehenbleibst, nicht nur für einen kurzen Moment, sondern über deine Hilflosigkeit und Unsicherheit hinaus, über deine Angst hinaus, über deine Panik hinaus, über deine Zweifel hinaus, über das ewige Geplapper im Kopf hinaus, über all deine Konzepte hinaus, über alles, was du zu sein glaubst, hinaus.

Überfließende Klänge aus Sphären der Unendlichkeit
entführen mich auf wild galoppierenden Pferden
in Seelenwüsten
zu längst vergessenen Brunnen
aus vergangenen Tränen ...
Das Stürmen des Baches
erinnert mich an Wolkenmeere
aus heimkehrenden Möwen.
Feuerglut und Windgesang begleiten
tobende Wasserfluten, die mich
zu regenklingenden Ozeanen tragen ...
denn irgendwo da draußen zerfließen
alle Fragen und erwachen als Antwort
im Morgenrot der Welt.
~ Stille ~

Wenn du ganz still bist ...
hörst du Sterne singen ...
jeder einzelne Grashalm hat seine eigene Melodie ...
du hörst das Gebet der Bäume
und den zarten Ruf der Steine ...
und irgendwann ... wenn du noch stiller wirst ...
hörst du hinter deinem Seelenlied ...
den Gesang des Mondes ...
dort hol ich dich ab ...

In der Stille hörst du Sterne singen ...
tanz mit mir ... komm ... es wird uns gelingen
den Himmel auf die Erde zu bringen ...

Spürst du das Gebet der Bäume ...
fühlst du ihren weisen Klang?
Tief in dir liegen Träume.
Hörst du den sanften Gesang?

Warst du jemals so still,
dass du diesen einen Klang hören konntest ...
ich meine diesen Klang ... der
immer war ...
und immer sein wird ...

Dieser Klang ist ewig.
Dieser Klang zerfließt in der Stille.
Dieser Klang ist Gott.
Dieser Klang bist DU ...

Weißt du, wenn du zu viel spürst und die Grenzen zwischen dir und der Welt einfach zerfließen, dann ist es wichtig, mit dir alleine zu sein. Finde einen Raum, der nur dich umhüllt, der nur dich sanft geborgen daran erinnert, wer du bist – tief in dir.

Weißt du, wenn du Tränen weinst, die eigentlich nicht deine sind, wenn du eine Traurigkeit spürst, die nicht aus dir heraus-, sondern in dich hineingeflossen ist, dann ist es wichtig, aufzutauchen und Luft zu holen – weit über die Wellen des Ozeans, weit über die Wolken des Seins, damit du wieder Klarheit atmen kannst. So blau wie der Himmel, so rein wie ein Bergsee im Abendlicht.

Gefährlich allein ist der Vergleich. Du bist nicht so wie „die anderen“. Ja, du spürst intensiver, du fühlst mehr, du bist empfänglicher für all die vielen Nuancen und Zwischentöne des Lebens. Deshalb bist du schneller erschöpft. Sei nicht so hart zu dir selbst. Du bist wundervoll.

Weißt du, du bist ein Geschenk für die Welt, aber nur wenn du dich nicht von der Welt verschlingen lässt, wenn du bei dir bist, wenn du Freiheit atmest.

Erlaube dir, so sein zu dürfen, wie du bist, dann brauchst du nicht mehr um Erlaubnis betteln. Erlaube dir, in deinem eigenen Tempo zu gehen. Erlaube dir, DU zu sein, mit allem, was DICH ausmacht, mit allem, was du bist, mit allem, was du brauchst, um dich zu spüren.

Du bist ein Geschenk für die Welt.

Werde erst still, wenn du von selbst still wirst,
so wie die Sonne, die erst untergeht,
wenn der Horizont sie liebend umarmt oder die Sterne,
die erst im Morgengrauen leise verglühen.
Werde erst langsam, wenn du von selbst langsam wirst,
so wie der Bach, der über Felsen fließt, die ihn zärtlich
liebkosen oder der Himmel, der sich
manchmal ganz sanft über uns ergießt.

Geliebte Schwester, dich von der Welt zurückzuziehen entspricht deinem tiefsten Wesen. Doch ich spüre deine Angst, nicht mehr zurückzufinden. Ich fühle deine Unsicherheit in der Dunkelheit, obwohl dort deine Heimat ist. Als ob du verloren gehen könntest in der tiefsten deiner Welten.

Erst wenn du aus dem Schweigen heraus die Welt betrittst, wirst du dich vor der Schönheit, die in allem wohnt, verneigen und erst, wenn du aus der Stille kommst, wird das Leben dir zeigen, was es für dich noch bereithält.

Aus der Dunkelheit bist du gekommen. Du bist die Dunkelheit, geliebte Mondfrau. Wenn du nun Angst hast vor deiner Heimat, die in dir wohnt, dann läufst du auf Pfaden, die nicht deine sind und du wirst das verlieren, was dich am Leben hält.

Wenn du die Sehnsucht nach Stille spürst, dann folge ihr. Hab den Mut, dich in unsichere Gefilde zu wagen und erfahre, dass dort deine größte Sicherheit erblüht.

Was du nun wirklich lernen darfst, ist, dir selbst zutiefst zu vertrauen. Du trägst das Wissen der großen Mutter in dir. Du trägst die allertiefste Weisheit in dir.

Es wird nun eine Wandlung geben, die von uns Frauen eingeleitet wird und diese Wandlung wird nur stattfinden, wenn wir nun in unserem tiefsten Vertrauen verankert sind.

Hat deine innere Stimme dich jemals betrogen? Fühle, erkenne und lausche dir. Lausche dir, so tief du nur kannst. Diese eine Stimme, die aus deiner unendlichen Tiefe strömt, ist unverwechselbar. Wann immer sie zu dir spricht, du wirst sie erkennen, weil sie einen völlig anderen Klang hat als alles andere, was zu dir spricht. Sie spricht leise und sanft. Sie spricht voller Liebe zu dir.

Lerne, dir zu vertrauen und bleibe im Kontakt mit dieser Sprache, die du einst vergessen hast, weil sie scheinbar nicht wichtig war. So oft hast du diese Stimme gehört und du musstest sie übergehen, weil das Leben etwas anderes von dir gefordert hat. Wie oft schon hast du deine Intuition niedergetrampelt und verachtet. Dir wurde beigebracht zu denken. Dir wurde beigebracht, das zu tun, was andere von dir forderten. Aber dir wurde nie beigebracht, auf deine innere Weisheit zu hören. Nun ist es an der Zeit, dieser Stimme in dir wirklich deine ungeteilte Aufmerksamkeit zu schenken und diese Schritte, die sie dir vorgibt, zu gehen. Du weißt genau, was du brauchst. Du weißt genau, was du fühlst. Du weißt genau, was dir schadet.

Hör auf dich, geliebte Schwester. Leg deine Hände auf den Bauch, wiege dich im Takt der Abendsonne und lausche. Du wirst dich hören, nur dich, nur dich, und du wirst deine Wege voller Vertrauen und Sicherheit gehen.

Sie geht ihren Weg aufrecht und stolz, denn sie wird vom Pulsschlag der Erde getragen und von der Weisheit des Himmels geführt.

Weißt du, die Mondin hat mir von dir erzählt in so manch leiser Nacht, und so möchte ich dir ganz sanft und sacht ein paar Worte ins Herz zaubern.

Du bist eine träumende Kriegerin und diese Kriegerin in dir sehnt sich danach, endlich aufzustehen. Du hast dich lange Zeit versteckt. Du hast dich zurückgehalten. Du hast abgewartet. Es wird bestimmt einen perfekteren Moment geben, hast du gedacht. Doch du bist eine wilde Feuerfrau, eine träumende Weberin, eine sinnliche Poetin, eine Zauberin der Worte, eine Königin der Meere und eine Tänzerin der Luft.

Du bist eine Kriegerin der Erde und eine träumende Reisende der Zwischenwelten. Deine Kraft wird jetzt gebraucht. Und deine Kraft wird ungebändigt gebraucht in der Welt. Du bist das Chaos, das unsichtbare Welten an die Oberfläche bringt.

Du bist reine Liebe, die in die dunkelsten Winkel vordringt und alles sichtbar macht, was ist. Hab keine Angst vor dem Chaos, vor dem Fließen, vor deiner Kraft, die sich verströmt. Du bist so wild, du wundervolle Königin des Herzens.

Einer Mondfrau ist es nicht wichtig, was andere von ihr denken. Einer Mondfrau ist es egal, ob andere ihren Weg nachvollziehen können. Sie geht ihn einfach. Und sie geht ihn aufrecht und stolz. Sie geht ihn weiter, auch wenn sie müde wird und sie steht jedes Mal wieder auf, wenn sie fällt. Denn sie fällt tief. Eine Mondfrau fällt immer tief – sie fällt und fällt und irgendwann wird sie in der Unendlichkeit landen.

Eine Mondfrau sehnt sich manchmal nach dem Mittelweg, doch sie liebt die Extreme und sie wird einen extremen Weg gehen, ob sie will oder nicht. Und sie wird lernen, nicht mehr mit den hohen Wellen zu gehen. Sie wird das Auf und Ab beobachten – doch, tief in sich ruhend – darüber lachen.

Da, wo dein Atem ist, bist du zuhause ...

Die Mondfrau ist dem Himmel so nah – und doch war er in vielen Momenten weit entfernt für sie.

Wie oft hat sie sich danach gesehnt, einfach wieder nach Hause zu gehen.

Wie viele Tränen hat sie vergossen, weil ihr immer wieder gesagt wurde, dass sie noch bleiben muss.

„Da, wo dein Atem ist, bist du zuhause", sang der Wind in ihr Herz.

Seitdem geht sie stolz und aufrecht ihren Weg, denn der Pulsschlag der Erde trägt sie liebend durch ihr Sein und Vater Sonne tanzt singend durch ihre kraftvolle Seele.

SEI – da, wo dein Atem ist ...

Kennst du das? Du hast eine Idee, sie begeistert dich völlig, lässt dich in Euphorie geraten, lässt dich lichterloh brennen – ein paar Tage lang – und dann bist du plötzlich ausgebrannt, erschöpft, müde, leer und deine Idee verblasst, wird klein und unerreichbar. Bis die nächste Idee dich in himmlische Gefilde katapultiert und dich wieder auf eine rosa Wolke befördert.

Doch du hast Angst davor, von dieser Wolke zu springen, denn du weißt, dass du dann auf der Erde landen wirst und du ahnst, dass diese Landung hart wird und alles verändert. Ich glaube, die meisten wissen, dass es weh tut, denn Asphalt ist härter als rosafarbene Watte. Viele sind auf der Wolke sitzengeblieben und staunen und träumen und geraten in Euphorie und sie fragen mich, wieso ihre Träume nicht ins Leben kommen, obwohl sie doch so sehr verbunden sind.

„Mit was bist du denn verbunden?“, fragt die Mondin in stillen Nächten und sie erhält als Antwort: „Na, mit der himmlischen Welt, mit meinen Engeln und Führern und meinen Ahnen und Krafttieren.“ Und sie fragt: „Bist du denn auch mit der Erde verbunden?“

Denn wie soll denn irgendetwas auf die Erde kommen, wenn du gar nicht auf der Erde stehst? Dieses gewaltige Feuer verbrennt dich, wenn du es nicht ins Leben fließen lässt. Es brennt dich aus. Ermüdet dich. Lässt all deine unermessliche Kraft irgendwo ins Nirgendwo strömen, weil es keine Formen hat, weil es keine Grenzen kennt, weil du keine Ziele hast und es überhaupt nicht weiß, wohin es fließen soll.

Erst wenn BEIDE vermeintlich gegensätzlichen Kräfte zusammenfließen, erst wenn die grenzenlose Kraft und Liebe Grenzen hat, eine Struktur bekommt, die wir spielerisch erbauen, kommt neues Leben auf die Welt.

Wofür stellst du dich zur Verfügung? Was lässt DICH WIRKLICH brennen? Was ist dein Geschenk an die Welt? Möge dein Herzensfeuer Freude in die Welt zaubern.

Erdung

Wenn du spürst, dass du nicht richtig da bist, dass du Erdung bräuchtest, dann ist die Frage, ob du überhaupt da sein willst. Willst du jetzt gerade in der Situation sein, in der du dich befindest? Willst du an dem Ort sein, an dem du bist? Willst du in dem Leben sein, das du lebst?

Und wenn deine Antwort „Nein" ist, dann stellt sich die Frage, warum du trotzdem verharrst, als gäbe es keinen anderen Weg für dich. Die Frage, die hinter all dem steht, ist: Willst du überhaupt hier sein, auf der Erde? Willst du wirklich leben? Ist dir schon mal aufgefallen, dass du immer dann geerdet bist, wenn du so richtig begeistert bist, wenn du für etwas brennst, wenn du dich freust, wenn du DU selbst sein darfst?

Du bist immer dann geerdet und richtig in deinem Körper, wenn du dich selbst l(i)ebst. Worauf wartest du? Komm an auf der Erde und verschenke dich. Komm an und brenne für das, was du bist. Dann wirst du dich nicht mehr um Erdung kümmern müssen und du stehst unter dem höchsten Schutz. Denn geschützt bist du immer, wenn du voll und ganz bei dir bist. Willkommen zuhause. IN dir.

Es ist so wichtig für jede einzelne Mondfrau, ihre Grenzen zu kennen. Es ist so wichtig, dass eine Mondfrau ihren Körper spürt, dass sie sich selbst spürt und genau weiß, was sie will. Denn ihre Kraft ist grenzenlos. Sie selbst ist grenzenlos. Doch ihre Grenzen zu kennen und zu spüren, wird ihren Wirkungskreis um ein Vielfaches vergrößern.

Denn die Energie, die sie aussendet, wird nicht mehr in der großen Unendlichkeit verströmt und damit irgendwo im nirgendwo verloren gehen, sondern sie wird im kleinen Rahmen viel bewirken.

Kriegerinnen sind hier, um zu berühren, um Herzen zu öffnen, um Liebe in die Seelen zu zaubern und den Menschen Mut zu machen.

Das können sie nur, wenn sie ihre Grenzen kennen. Und Grenzen kennenzulernen geht am einfachsten über den Körper. Spürst du deinen Körper gut?

Tanze! Tanze, bis du lichterloh brennst. Tanze, bis du glühst, bis du bebst, bis du völlig frei und gleichzeitig zutiefst verbunden bist.

Grenzen sind wichtig, um in dir präsent zu sein. In dir bist du zuhause. In deinem Körper bist du frei. Denn nur, weil du deinen Körper hast, kannst du jetzt die Welt mit deinen Gaben beschenken.

Wenn du dein Leid in ein Lied verwandelst und es in die Welt tanzt, geschieht Heilung. Emotionen müssen in Bewegung kommen, damit sie in die Stille zurückfließen können.

Weißt du, der großen Kraft, die uns trägt, ist es völlig egal, ob wir positiv oder negativ denken, denn diese Kraft, diese tiefste aller Quellen, unterscheidet überhaupt nicht zwischen positiv und negativ und sie interessiert sich nicht für unsere Gedanken. Du kannst zweifeln oder vertrauen, du kannst etwas wollen oder dich wehren, du kannst dich leeren oder füllen, du kannst dich in Ängste hüllen oder lieben, es steht in den Sternen geschrieben, was für dich sein soll und gleichzeitig ist dein Weg vollkommen frei. Du kannst keinen Fehler machen. Du kannst keinen falschen Weg einschlagen, keine falschen Entscheidungen treffen.

Du kannst es schwer ertragen, aber alle deine Fragen sind Fragen deines Verstandes. Weißt du, du hast Angst, etwas falsch zu machen, dass du in so vielen Momenten einfach nichts machst, dann kann dir scheinbar nichts passieren. Du baust dein Zelt an der Wegkreuzung auf und verweilst dort und du wartest und überlegst und denkst nach. Doch alle Wege führen dahin, wo du hinsollst. Alle Wege führen zu deiner Essenz zurück und auf allen möglichen Wegen, die sich dir bieten, wirst du ähnliche Erfahrungen machen, nur die Farben und Bilder sind womöglich ein wenig anders.

Wenn du den leuchtenden Sternen folgst, die in deinem tiefsten Seelenhimmel wohnen, dann weißt du in jedem Augenblick, dass du auf Pfaden deiner Wahrheit wandelst. Wenn sie sanft ihre Weisheit in deine Gärten singen, dann kannst du dich nicht mehr verlaufen. An keiner Wegkreuzung kannst du falsch abbiegen, weil alle deine Pfade an diesen einen See führen, der in dir auf dich wartet. Egal, für welchen Weg du dich entscheidest, du wirst immer an die Orte geführt, die dich beschenken.

Stell dir mal vor …

für dich geht es nicht mehr darum zu lernen, dich zu entwickeln, dein Herz weiter zu öffnen, noch mehr zu leuchten, noch intensiver zu strahlen. Stell dir mal vor, du brauchst keine weiteren Blockaden zu lösen, Muster erkennen, in uralte Leben zurückgehen, die Zukunft planen. Stell dir mal vor, für dich geht es nicht mehr darum, ein besserer Mensch zu werden, dein Potenzial voll zu entfalten, deine Träume zu leben. Stell dir mal vor, für dich ist es nicht mehr wichtig, noch liebevoller, freier und friedlicher zu werden. Du wirst nicht mehr geprüft, brauchst auf keine Zeichen mehr zu achten, du hast keinen größeren Auftrag auf der Welt, als dich einfach nur an deinem kleinen Leben zu freuen. Stell dir mal vor, du musst niemanden mehr überzeugen, niemals mehr Recht haben, du darfst Fehler machen, dich irren, unsicher sein, dich verloren fühlen, Tränen der Traurigkeit vergießen, deinen eigenen, unperfekten Tanz genießen.

Stell dir mal vor …

du hast alles vollbracht. Es gibt für dich nichts mehr zu tun. Alles, was du ab heute machst, machst du nur noch, weil es dir einfach Freude bereitet, weil es dich zum Lachen bringt, weil es in Leichtigkeit geschieht.

Stell dir mal vor, du bist einfach vollkommen, so, wie du jetzt gerade bist. So, wie du jetzt gerade hier bist, in diesem Moment, bist du genau so, wie die Schöpfung dich erschaffen hat, du bist genau so, wie du gewollt bist und all deine vermeintlichen Fehler sind gar keine Fehler, sondern Teil der unendlichen Schönheit.

Stell dir mal vor, du entspannst dich vollkommen in diesen Augenblick hinein, der ist. Alle deine Konzepte lösen sich auf und du weißt, dass die Wahrheit immer hinter dem liegt, was wir als „richtig“ oder „falsch“ benennen“. Dort ist das, was du wirklich bist.

Stell dir mal vor …

du hast alles vollbracht. Es gibt nichts mehr zu tun für dich. Alles, was du ab heute machst, machst du nur noch, weil es dir einfach Freude bereitet.

Die Mondfrau
begegnet dir manchmal
so kindlich und naiv
wie ein kleines Mädchen,
um im nächsten Moment
aus ihrer tiefen Weisheit
zu schöpfen.
Alle Jahreszeiten findest
du in ihr.
Alle Altersstufen sind in
ihr vereint.
Unterschätze niemals ihre
magische Kraft, und lass
dich nicht täuschen von
ihrem jungen Aussehen
und ihrem freien Lachen.

Der Mondfrau gelingt es, die beiden Welten, die der spirituellen Träumerin und die der menschlichen Kriegerin, in Einklang zu bringen.

Sie wird spüren, dass sie von allem getrennt und gleichzeitig mit allem verbunden ist. Sie wird spüren, dass sie bedingungslos liebt und gleichzeitig voller Bedürfnisse und Erwartungen ist. Sie wird erleben, dass das eine das andere nicht ausschließt und dass alle Ebenen gleichzeitig existieren dürfen. Sie wird zutiefst erfüllt und voller Verlangen sein. Sie wird träumend in die Unendlichkeit blicken und gleichzeitig wild und entschlossen auf der Erde stehen. Sie wird sich hingebend dem Schicksal öffnen und gleichzeitig ihre Schritte zielgerichtet in die Hand nehmen. Sie wird, weich in sich ruhend, den Blick auf das richten, was sie von Herzen will.

Und das wird sie sich nehmen, weil sie die Verantwortung trägt für all ihre Bedürfnisse, die sie sehnsuchtsvoll in ihrer wilden Seele vereint.

Und dann stehe ich plötzlich am Ende der Worte ...

Die kraftvollsten Symphonien komponiert das Leben selbst,
am Ende des Mondscheingartens,
dort, wo die Brücke der Liebe dich still umarmt
und der Gesang des Himmels in die Erde fließt ...

Die lichtvollsten Bilder malt das Leben selbst,
dort, wo die Freiheit neues Leben schenkt
und der Klang des schönsten Lachens
in deine Seele sinkt ...

Welch ein Geschenk, dass du vor dem Mondscheingarten
auf mich gewartet hast.

Ich danke der Weisheit,
die dich beschützend durch die Nacht getragen hat,
denn dort, in der Mitte des Gartens,
wartet das Morgenlied der Sonne auf uns.

Und dann ... plötzlich ... stehe ich am Ende der Worte ...
und lade dich ein ... in mein Leben ... in mein Sein ...

Ich spüre den Abschied und du das Wiedersehen.
Du fühlst das Werden und ich das Vergehen.
Doch dort, wo wir uns schweigend gegenüberstehen,
wird sich vereinen, was niemals getrennt war.
Es fühlt sich so an, als könnte sich alles,
was ich bin, mit dir entfalten
und als könntest du mich halten, wenn ich untergehe.
Denn es gibt so vieles, was ich nie verstehe,
egal, wie sehr ich das Schweigen in den Meeren sehe ...
Und plötzlich ist da nichts mehr, was mich hält,
kein Rahmen, kein Floß und kein Zelt.
Da ist kein Dach mehr – aber tausend Sterne,
da ist keine Mauer – doch freie Blicke in die Ferne.
Lass uns Spuren hinterlassen,
bevor wir in der Ewigkeit verblassen.
Du spürst den Abschied und ich das Wiedersehen,
ich fühl das Werden und du das Vergehen.
Doch dort, wo wir uns liebend gegenüberstehen
und uns offen einander zeigen,
wird sich verneigen,
was immer vereint war.

Die unendlichen Kräfte des Universums hast du bereits kennengelernt. Du hast sie kennengelernt, weil viele Stürme dich zum Erliegen brachten, weil das Feuer über dich hinweg gewütet ist, weil du mehrmals fast in den unendlich tiefen Weiten deines Seelensees ertrunken wärst, weil du so tief im Schlamm stecktest, dass die Schwere dich zum Fallen gebracht hat. Doch du bist immer wieder aufgestanden. Eine deiner großen Gaben ist es, mit diesen Kräften umzugehen, sie einzusetzen, mit ihnen zu spielen.

Deine magischen Gaben erlauben dir zu jeder Zeit, an jedem Ort, in alle Welten zu fliegen. Sie ermöglichen dir, deine Flügel auszubreiten und unabhängig von Zeit, jenseits aller Räume, zu allen Farben deiner Träume zu fliegen, um sie auf die Erde zu bringen. Weißt du, es wird dir gelingen, nicht nur von Freiheit zu singen, sondern Freiheit zu sein, in jedem deiner Atemzüge und in allem, was du aus der Unendlichkeit mitbringst und in Klängen in die Erde singst. Du bist diese Freiheit, weißt du, weil du nie etwas anderes warst. Und so erlaube dir nun, diese Schwingen auszubreiten und in ferne Welten zu gleiten. Die Weiten des Seins sind so ewig wie Farbenmeere und die Leere zwischen Wolken, zwischen Klängen, zwischen Sternen, zwischen Monden, zwischen dir und mir und all dem Leben, das wir täglich in all die Sphären weben. Und jederzeit, meine Schwester, kannst du zu dem tiefsten Feuer in dir reisen. Es wird dir immer den Weg weisen zu deiner Kraft, zu deiner Glut, zu deiner Wut, zu deiner Macht, zu deiner Wärme. Es wird dir immer zeigen, wofür du brennst, wofür du lebst, wofür du liebst, wofür es sich lohnt, sichtbar zu werden.

Jederzeit kannst du die kraftvollste Flamme in dir entfachen, um zu verbrennen, was nun zur Erde zurückkehren darf und die Asche, die zurückbleibt, wird dich lehren, dich nicht mehr gegen Kräfte zu wehren, die um so vieles stärker sind als du. Und so glaube auch an die Macht, die neues Leben erschafft und in allertiefsten Tälern Geschichten vom Ende erzählt. Wenn jene Kraft dich auserwählt, dann wird neues Leben sterbend in die Sterne geschrieben. Allgegenwärtig ist das, was wir Tod nennen. Allgegenwärtig ist die Möglichkeit gegeben zu erkennen, dass wir leben und vergehen, dass wir sterben, um zu bleiben, dass wir bleiben, um zu gehen.

Geliebte Mondfrau, du kennst deine magischen Gaben und du spürst sie tief in dir. Doch es geht nicht um deine Gaben, sondern darum, was du damit machst. Denn all deine inneren Farben wollen in die Welt fließen und es geht nicht darum, ob du ernst sein kannst, sondern darum, ob du lachst, wenn du Fehler machst und ob du bleiben kannst, wenn du gesehen wirst. Es geht nicht nur um Visualisieren und ums Träumen, es geht jetzt um das Tun. Es geht um die Schritte, die aus deiner Mitte in die Welt führen. Es geht nicht mehr ums Denken, vielmehr geht es ums Spüren und darum, endlich loszugehen.

Kommt, ihr lieben Träumerinnen, erhebt jetzt die Kriegerin in Euch.

Hör auf, dich zu bestrafen, hör auf, dich zu beschimpfen, hör auf, Krieg mit dir zu führen. Der Krieg wird beendet, wenn du aufhörst, dich schuldig zu fühlen. Ja, in vielen Momenten warst du ein Opfer, in vielen Augenblicken warst du Täterin. Du hast viel gelitten, viel geweint, du warst ungerecht, obwohl du für die Gerechtigkeit kämpftest. Du bist nicht eingeschritten, du hast dich klein gefühlt, du hast dich groß gemacht. Du hast in manchen Situationen über die anderen gelacht und dich dabei zur Meisterin geehrt. Du hast andere belehrt, obwohl du selbst nicht schlauer warst. Du hast dich gewehrt, obwohl kein Gegner in deiner Nähe war. Du bist liegengeblieben, obwohl keiner dich zum Erliegen brachte. Du wolltest siegen und hast Orte der Liebe gemieden, weil du dich schuldig fühltest.

Doch nun, geliebte Kriegerin des Herzens, darfst du dich erlösen von all deinen Schuldgefühlen, von deinem ewigen Kampf. Die Kriegerin hat es nicht mehr nötig, gegen sich selbst zu kämpfen.

Liebes, du willst dich selber zerstören. Immer und immer wieder richtest du das Schwert gegen dich. Immer und immer wieder redest du dir ein, nicht gut genug zu sein. Du bist hart zu dir und ich sehe Angst in deinen müden Augen. Manchmal scheint es, als würdest du einen Schritt vor und zwei Schritte zurück gehen. Manchmal scheint es, als würdest du vor deiner eigenen Kraft erschrecken und dich lieber verstecken, als gesehen zu werden. Du hast Angst vor dir selbst und so wirkst du nicht mit deinen Kräften, um deinen Garten des Lebens ein wenig bunter zu gestalten, sondern deine Kräfte wirken gegen dich und fegen all die Samen, die du gelegt hast, wütend davon. Du sitzt dann weinend auf verwüsteten Feldern und fühlst dich hilflos und so manches Mal geschieht es sogar, dass du in Selbstmitleid verfällst. Ich sehe dich und ich reiche dir meine Hand, denn ich kann dich fühlen, auch wenn du mich im Moment nicht spüren kannst.

Du willst dich selber zerstören, weil du es nicht gelernt hast, mit deinen Kräften umzugehen. Niemand hat dir beigebracht, mit den Kräften der Kriegerin zu haushalten, sie im richtigen Moment einzusetzen und dich dann wieder zurückzulehnen und die Dinge loszulassen. Niemand hat es dir beigebracht, doch jeden Tag hast du es erlebt. Die Natur erinnert dich daran, sie lebt es dir vor.

Weißt du, Schwester, mach dein Leben nicht zur Hölle, indem du dich selbst dauernd zum Teufel jagst. Ich weiß, dass dir oft gesagt wurde, dass du zu viel bist, dass du angepasster sein solltest, dass deine Tränen unangemessen sind und dein Tanz zu sinnlich ist. Ich weiß um deine Zweifel und darum, dass du tausend Mal versucht hast, dich zu ändern. Wie sehr hast du dir gewünscht, ausgeglichener zu sein und über die vielen Unwahrheiten hinwegzublicken. Wie sehr hast du versucht, mitzuspielen und zu lächeln. Wie oft hast du deine Kraft unterdrückt, um andere nicht in deinen Schatten zu stellen. Doch es ist dir nicht gelungen. Es ist dir nicht gelungen, weil es dein

Job ist, in dieser Welt die Wahrheit ans Licht zu bringen und die Menschen an ihre Gefühle zu erinnern. Es ist dein Job, den Schatten der tiefsten Nacht in die Morgensonne zu tanzen, es ist deine Aufgabe, alle Narben sichtbar zu machen, alle Wunden aufzudecken und all den Schmerz, sei es deiner oder meiner, in die Welt zu schreien.

Weißt du, alle Pfade, die du im Mondschein wählst, werden im Sonnenschein plötzlich für alle sichtbar sein. Alle Wege, auf denen du wandelst, alle Räume, die du betrittst, werden ihren Schatten enthüllen. Du kannst diese Kraft nicht unterdrücken, du kannst nicht anders sein, als deine tiefste Natur es dir vorgibt. Hör auf, an dir zu zweifeln. Hör auf, dich kleiner und leiser zu machen, als du bist. Hör auf, dich hinter einem Lächeln zu verstecken, das nicht deines ist.

Du bist eine Schattentänzerin, du bist eine Schmerzenthüllerin, du bist eine Kriegerin der Liebe.

Wenn du dich öffnest wie eine Blüte,
um einen Hauch unbekanntes Leben einzuatmen,
wirst du vom Wind, der dein Lied erhörte,
in den Klang der tiefen See getragen ...
Im Glanz der Morgensonne
ist ein Tanz, der uns erhebt.
Ich will mich erheben – um zu schweben ...
Malst du den Himmel in mein Lied?
Über alle Blicke hinweg – über alle Ozeane hinfort.
Erinnerst du dich ... an den einzig ewigen Ort?
Da ist ein Funke tief in uns,
entflammt für neues Leben ...
Ein Beben ... wild und kraftvoll,
oh, ich will mich ergeben ...
für die Ewigkeit.
Es ist Zeit zu reisen in fremde Gewässer,
neue Welten möchten entstehen.
Lass es geschehen. Lass es geschehen.
Denn still und leise trägt der Wind uns weise, ~
lässt uns sein, wie wir sind.

DIE MONDFRAU IST EINE TRÄUMERIN, DIE ALL IHRE VISIONEN IN IHREM TEMPO AUF DIE ERDE BRINGT. DRÄNGE SIE ZU NICHTS, DENN WENN DU SIE UNTER DRUCK SETZT, WIRD SIE ERST GEISTIG UND DANN KÖRPERLICH FLIEHEN.

Glaube nicht diesen Worten, glaube nicht irgendwelchen Schriften, doch glaube dir, deiner Weisheit, deinem Gefühl, deiner Intuition. Frage dich nicht, was du denkst, sondern frage dich, was du fühlst und dann taste dich fühlend am Leben entlang. Nutze dein Denken, doch lass dich nicht von deinem Denken benutzen. Fühle. Denn du als Mondfrau bist hier, um zu fühlen. Doch vor vielen Monden wurde dir beides verboten. Das Träumen und das Kämpfen und irgendwann, als es dir niemand mehr verboten hat, hast du es dir selbst verboten. Und damit hast du dir das verboten zu sein, was du zutiefst bist. Und so hast du nicht nur deine Träume verloren, sondern auch deine unendliche Kraft und Entschlossenheit. Du würdest viel versäumen, hat man dir erzählt, wenn du es wagst zu träumen. Doch wenn etwas so Wichtiges in uns verloren geht, dann bleiben Wunden und Narben und die Farben unserer Wirklichkeit verblassen immer mehr. Dann geschieht es, dass du dir selbst nicht mehr vertraust. Zu oft hast du dich verachtet, hast nicht auf deine Worte gehört, hast dich selbst um dein Gefühl betrogen. Du hast dich selbst verlassen und umso mehr du dich in dir selbst verlassen hast, umso mehr hast du begonnen, alles, was dir fehlt, im Außen zu suchen. Und dort warteten nur Enttäuschungen auf dich.

Eine Mondfrau ist eine Zauberin, die ihre Visionen entschlossen auf die Erde bringt.

Sie zaubert ihre Wünsche in die Welt, bis sie keine Wünsche mehr hat, und wenn sie sich völlig leer gewünscht hat, dann wünschen sich die Farben der Unendlichkeit durch sie hindurch auf die Erde. Sie ist eine Meisterin ihrer Wünsche. Sie kennt sich und ihre Bedürfnisse und erfüllt sich diese ohne schlechtes Gewissen. Sie hat die Verantwortung für ihre Wünsche übernommen, denn sie weiß um den Preis, den sie jedes Mal bezahlen wird, wenn sie neue Länder bepflanzt.

Wenn sie durch die Türe ihres Wunsches geht, dann gehen andere Türen zu. Und weil sie dies vermeiden möchte, steht sie so manche Zeiten ihres Lebens auf Fluren herum und wartet ab.

Eine Mondfrau liebt es, alleine zu sein. Sie liebt die Stille und ihren eigenen Schutzraum. Sie liebt die Ruhe, die sie in sich findet. Von dieser Ruhe aus geht sie in die Welt. Und nur von dieser Ruhe aus geht sie in die Welt. Von ihrem Raum aus. Es ist so wichtig für eine Mondfrau, dass sie ihren eigenen Raum hat. Dass sie geschützt ist vor dem Lärmen der Welt, dass sie einen Ort hat, an dem sie nur sich selbst spürt. Sie verliert sich sonst und dann wird sie zur Kriegerin ohne Herz, weil sie nicht mehr träumen kann.

Was wir aber brauchen, sind Kriegerinnen mit Herz, denn ihr Schwert ist die Liebe. Ihr Schwert ist ihre Entschlossenheit. Entschlossen zu sein bedeutet, eine Entscheidung zu treffen, denn nur dann kannst du alle Kraft in dein Ziel legen und es wieder loslassen. Entschlossen zu sein bedeutet, einen Kreis zu schließen und weiterzugehen. Oder den Kreis zu schließen und zu bleiben.

Etwas dazwischen gibt es für die Mondfrau nicht, denn sie gibt sich ganz oder gar nicht. Sie schenkt alles oder nichts.

Du wirst klare Entscheidungen treffen auf deinem Weg. Jede Entscheidung, die fällig ist und nicht getroffen wird, nimmt dir unglaublich viel Lebensenergie. So frage dich, was du willst, was du dazu brauchst und was du bereit bist, dafür zu geben. Jede Entscheidung hat ihren Preis. Du wirst loslassen und zutiefst handeln zugleich. Du wirst klare Grenzen setzen und dadurch die Kraft gewinnen, wieder weiterzufließen. Du wirst machtvoll und zart zugleich sein. Hab keine Angst vor klaren Entscheidungen. Jede Entscheidung hat zwei Seiten. Auf der einen Seite ist das, was du willst, und auf der anderen ist das, was du dafür (auf-)geben wirst. Übernimm Verantwortung für deine Entscheidungen und trag die Konsequenzen. So wirst du frei sein.

Morgens, wenn der Tag noch leise im Schoß der Erde liegt, steh auf und entscheide weise, wohin deine Schritte dich heute führen. Träume weisen uns den Weg und zeigen uns, was nach Erfüllung ruft. Seelenträume flüstern ihre Bilder in unsere Himmel und es liegt an uns, diese Bilder nun in unser Leben zu malen. Jeden Morgen wird das Leben neu geboren. Jeden Morgen beginnt eine neue Reise, eine Reise zu deiner Essenz.

Schwinge dich hoch zu neuen Himmeln, lass dich erneut in tiefste Täler gleiten. Wir sind es, die den Weg zur neuen Zeit vorbereiten.

Weißt du, geliebte Schwester, erst wenn du den Mut findest, alles in dir ans Licht zu bringen und jede dunkle Ecke in dir zu beleuchten, wirst du frei von Schicksal deinen Weg selbst erfinden. Denn all das, was uns von dunklen, unbewussten Welten in uns lenkt, schenkt uns Fesseln, die uns haltend dort sein lassen, wo wir immer waren.

Unbewusstheit ist das, was wir Schicksal nennen. Unbewusstheit ist das, was dich bremst. Doch jetzt ist es an der Zeit, neue Wege zu beschreiten und diese neuen Wege wollen von dir erfunden werden. Sie wollen durch deine Klarheit geboren werden. Sie wollen durch deinen Willen und deine tiefste Liebe ins Leben erblühen. Alle deine Schritte hast du selbst erfunden. Du hast sie aus der Liebe heraus in das Buch deines Lebens gemalt oder aus der Angst heraus auf die leeren Seiten gezeichnet. Doch du hast immer selbst gewählt.

Du selbst warst es, die entschieden hat, und du bist es, die sich jetzt weise entscheiden darf, wohin sie gehen möchte. Du kreierst dein eigenes Universum mit all den Farben, die du in den Augenblick zauberst, mit allen Klängen, die du in dein Leben tanzt. Du bist erst frei, wenn alles, was in dir schläft, wach sein darf, wenn du dir erlaubst, lodernd im Feuer zu stehen.

Das ewige Warten ...

… auf den einen Moment, der alles verändert, auf das große, spektakuläre Feuerwerk, darauf, dass du endlich so gut bist, um all deine Träume zu leben. Das ewige Warten darauf, dass deine Talente so ausgereift sind, dass du sie anwenden kannst. Das Geheimnis ist: Du darfst einfach unfertig losgehen, denn wenn wir warten, passiert nichts. Das ewige Warten wird nichts verändern. Wir wachsen durchs Tun. Wir wachsen, wenn wir ein bisschen mehr tun, als wir uns eigentlich zutrauen, wenn wir ein bisschen mehr von uns zeigen, als wir es gewohnt sind, wenn wir ein bisschen mehr von uns geben, als es bisher möglich war. Wir wachsen in unser Potenzial hinein, indem wir erstmal so tun, als könnten wir es, bis wir eines Tages merken, dass wir es tatsächlich können. Der Moment, in dem unsere Talente völlig ausgereift sind, wird nie kommen. Und so möchte ich auch dir Mut machen, loszugehen und das zu tun, was du wirklich tun willst. Unperfekt. Unvollkommen. Wundervoll.

Die Mondfrau geht den Weg der Freiheit. Sie bindet sich nur an einen einzigen Ort, und dieser Ort liegt in ihr.

Heimatlos

Eine Heimat habe ich gesucht. Viele Orte habe ich besucht und es gab Gärten, in denen ich glücklich war. Es gab Meere, die mich in Geborgenheit wiegten. Es gab Sterne, die mir vertraute Lieder sangen und es gab Bäume, die mich hielten. Es gab Blumen in bunten Farben, die in stillen Nächten mit mir tanzten und es gab Berge, die mir an wilden Tagen einfach lauschten, ohne Fragen zu stellen. Es gab Strände, die mich durch weißen Sand zu Plätzen führten, an denen ich Frieden fand und es gab Häuser, die mir alte Geschichten erzählten und mich auserwählten, in Regennächten für mich da zu sein.

Doch all diese Orte musste ich wieder verlassen und ich musste weiterziehen. Und so waren die Momente des Zuhauseseins immer nur geliehen. Sie waren nur für den Moment, für das Gefühl, für den Augenblick. Sie waren niemals zum Festhalten gedacht. Sie waren frei und austauschbar.

Und einmal, da saß ich am schönsten Ort der Welt, da habe ich meine Familie vermisst. So habe ich meine Heimat in Menschen gesucht. Und es gab Menschen, die mit mir lachten, die mir vertrauten, die mir Stunden der Stille brachten. Es gab Menschen, die ich liebte, und es gab Menschen, die mich tief berührten und mich in Welten entführten, die ich scheinbar vergessen hatte. Es gab Menschen, bei denen ich mich zuhause fühlte. Doch sie waren nur für den Moment, für das Gefühl, für den Augenblick. Sie waren frei und gingen weiter.

Und einmal, da saß ich mit dem schönsten Menschen am schönsten Platz der Welt, da habe ich mich vermisst. So habe ich meine Heimat in mir gesucht. Und dann waren da Plätze und Menschen und sie durften einfach nur für den Augenblick sein. Ich ließ sie frei und da blieben sie bei mir und doch wechselten sie die Farben und die Formen zerliefen, weil die zarten Blumen der Freiheit leise meinen Namen riefen.

An jenem Tag, an dem ich mich mit mir selbst vereinte,
hörte mein Verlangen nach dir auf.
Denn überall da draußen habe ich nur mich selbst gesucht.

Jedes Mal, wenn ich enttäuscht war, weil du mir
nicht das gegeben hast, was ich wollte,
jedes Mal, wenn ich mich einsam und leer fühlte,
weil du nicht in meiner Nähe warst,
JA, in jeder einzelnen sehnsuchtsvollen Nacht
habe ich mich nur selbst vermisst.

An jenem Tag, an dem ich mich mit mir selbst vereinte,
sah ich dich in jeder Blume,
in jedem Grashalm ... in jedem Lied hörte ich deinen Klang ...
und als ich plötzlich deinen Duft in meinem Lachen fand,
wusste ich, dass ich endlich zuhause bin. In mir.

Das Leben geht einfach weiter und wenn du
nicht mitgehst, dann lässt es dich stehen.
Bist du dann getrennt vom Leben oder
kann es dich noch sehen?
Unberechenbar und frei spielt der Regen wilde Klänge,
ob er sich dafür schämt und sich wünscht sanftere Gesänge?
Der Wind holt aus und peitscht ums Haus –
doch schuldig fühlt auch er sich nicht.

Dichter Nebel nimmt mir die klare Sicht
und das Leben geht weiter und lässt mich in der Kälte stehen,
während Buchenblätter in großer Eile vom Baume wehen.
Alles, was ich glaubte zu verstehen,
ist so weit fort, so weit fort,
nur dieser eine Ort, an dem ich sicher bin –
dieser eine Ort wird niemals gehen.

„Hab den Mut, ins Leben zu fallen und schenke deiner Seele Raum, denn mit jedem Traum, den du lebst, wirst du freier sein“, sangen die Sterne in die ersten Sonnenstrahlen des Morgens, die mich in einen goldenen Glanz aus Liebe hüllten.

Geborgen bin ich da, wo ich zuhause bin.

Zuhause bin ich in mir.

„Weißt du, das Geheimnis des Glücks liegt darin, den brillanten Bildern zu folgen, die die Unendlichkeit in den Hauch des Himmels malt. Eines Tages“, flüsterte die Mondin, „wirst du sowieso dein Kleid wechseln. Alles, was du zu wissen glaubst, wird sich in Sternenstaub auflösen. Alles, was du zu haben glaubst, werden die Regentropfen in die Ewigkeit tragen und alles, was du zu sein glaubst, wird sich in einen lichtvollen Ozean aus Liebe verwandeln. Und so gehe einfach über die Brücke des Regenbogens, nicht erst, wenn du in eine andere Welt tanzen wirst, sondern JETZT und lebe, als hättest du nichts zu verlieren ...“

Wenn die Gnade dich wachküsst,
wirst du zum ewigen Gebet der Dankbarkeit.
Du wirst zum Lied, zum Tanz,
zur Freude ...
und dein Erleben wird unendlich tief,
weil du endlich HIER bist,
in diesem Moment ...
Oh, wie das Leben jubiliert,
so lange hat es auf DICH gewartet ...

Wenn die Gnade dich wachküsst,
wirst du nur noch auf den Wegen
deiner Wahrheit wandern
und plötzlich wirst du wissen,
was Treue bedeutet,
denn DEIN Seelenweg war es,
der so lange nach dir gerufen hat ...

Wenn die Gnade dich wachküsst,
wirst du zum Feuer, zum Berg und zum Meer,
weil du alles bist, was dich umgibt,
weil du alles bist ... tief IN DIR ...

Wenn die Gnade dich wachküsst,
strömt der höchste Klang des SEINS
durch dich auf die Erde ...

das ist EIN-KLANG ...

der die Stille mit dem Weltenklang vereint
und jede Trennung im grenzenlosen
Ozean der Liebe auflöst.

Weißt du, geliebte Mondfrau, ich muss dich etwas fragen. Warum vertraust du noch immer deinen Schwestern mehr als dir und warum suchst du deine Antworten noch immer in den Sternen, obwohl du selbst es bist, die das Wissen des Himmels in sich trägt? Warum willst du heute dies und morgen das, wo kommt die Unruhe in dir her? So gerne würde ich dich halten und dich daran erinnern, dass du es selbst bist, die weiß, wohin ihr Weg sie führen will ... und dass du selbst es bist, auf die du so sehnsüchtig wartest. Weißt du, ich frage dich, weil ich dich gerne verstehen würde. Was suchst du in den wilden Meeren der Zeit, was suchst du in den Antworten anderer Menschen, die niemals deine fragende See beruhigen können? Was suchst du in der Welt da draußen, obwohl du selbst es bist, die ganze Welten in sich trägt?

Die Liebenden

Die Liebenden der neuen Zeit werden geboren, wenn die Liebende in dir erwacht ist. Weißt du, wenn du alleine bist, dann fühlst du dich kraftvoll und du gehst deinen Weg aufrecht und stolz. Du bist unabhängig und frei und du erfüllst dir deine Bedürfnisse in deinem ganz eigenen Tempo. Du scheust dich nicht davor, deine Schönheit zu zeigen und Verantwortung für dich zu übernehmen. Dein Tanz ist harmonisch. Dein Gesang klingt kraftvoll. Doch sobald ein Geliebter in dein Feld kommt, ändert sich alles. Du beginnst, dich zurückzunehmen. Du beginnst, deine enorme Kraft zu zügeln, weil du niemanden mehr erschrecken willst. Niemand soll mehr weglaufen vor deinem mächtigen Vulkan, vor deinen tiefen Wellen der Seele, vor deinem intensiven Erleben. Niemand soll sich klein fühlen neben deiner Größe, niemand soll sich in deinem Schatten ausruhen. Und so wirst du selbst immer mehr zu diesem Niemand. Du verschwindest. Und weil du immer mehr verschwindest, wirst du immer bedürftiger. Du machst dich klein und immer kleiner und dein Vulkan erlischt allmählich. Dein Seelensee erstarrt zu Eis. Du spürst dich nicht mehr und weil du dich selbst nicht mehr spürst, kann dich dein Geliebter nicht mehr spüren und weil dein Geliebter dich nicht mehr spürt, beginnst du zu betteln. Du bettelst um Aufmerksamkeit, um Anerkennung, um Liebe. Du bettelst um alles, was du dir selbst nicht mehr geben kannst, weil du dich selbst verlassen hast. Weil du dich getrennt hast von deinen tiefsten Kräften.

So sind aus zwei Liebenden zwei Bettler geworden. Und so sind aus zwei Gebenden leere Hüllen geworden, die ihre Erfüllung im anderen suchen. Doch da gibt es keinen anderen mehr. Denn du bist nicht an deinem Platz. Du bist nicht zuhause. Wo soll der andere dich dann finden? Und der andere ist auch nicht mehr zuhause, denn er sucht dich. Doch auch seine Suche ist vergeblich. Du bist nicht mehr da, wo du hingehörst, du bist nicht mehr an dem Ort, an dem dein Zuhause ist. Es gibt dich nicht mehr und es gibt den anderen nicht mehr. Klar, ihr seid eins geworden. Eure Grenzen haben sich aufgelöst, eure Energien sind nun eins. Doch die Liebenden sind beides. Sie sind eins und sie sind zwei. Sie sind verbunden und doch steht jeder für sich. Aufrecht und stolz. Unabhängig und frei. Liebend.

Es ist so wichtig, dass wir an unserem Platz sind, dass wir zuhause sind in uns, dass wir da sind. Denn nur dann sind wir erreichbar. Wenn niemand zuhause ist, kann jeder vergeblich an deiner Türe klingeln. Es ist so wichtig, dass wir bei uns bleiben, denn niemand wird jemals bei uns bleiben, wenn wir uns selbst immer wieder verlassen. Niemand wird Freude an einem gemeinsamen Tanz haben, wenn unsere tiefsten Klänge immer wieder im Nirgendwo verblassen. Komm nach Hause und bleib. Bleib bei dir – und dann wird auch dein Geliebter bei dir bleiben.

Ihr Wegweiser ist die Liebe.

Eine Mondfrau ist sich zu schade für Spielchen, die nur ihrem Ego dienen.

Konzepte interessieren sie nicht. Sie ist eine Tänzerin, die sich frei fließend durch die Welten bewegt. Sie legt sich auf Klänge aus lichtvollen Sphären und reist in Schattenwelten, ohne sich zu fürchten. Sie weiß um den Tanz dieser Klänge. Sie weiß um ihre Kraft und vor allen Dingen weiß sie um die Kraft, die durch sie fließt, wenn sie aufhört, irgendwas zu wissen.

Sie reist frei fließend durch die Welten, die sich ihr träumend eröffnen, und weil sie sämtliche Grenzen mit Leichtigkeit überwinden kann, weiß sie um die Wichtigkeit ihres persönlichen Schutzraumes.

Oh, all ihr Mondfrauen, es ist an der Zeit, die beiden scheinbar gegensätzlichen Qualitäten in uns zu vereinen. Nur so können wir aus der Ruhe heraus handeln. Nur so können wir ganz werden in uns und das ewige Sehnen beenden. Liebe Träumerinnen, nehmt nun die Kriegerin in Euch in Eure Herzen.

Nehmt sie an, nehmt sie auf, heißt sie willkommen, mit Euch den Weg der Freiheit zu gehen. Liebe Kriegerinnen, nehmt nun die Träumerin in euch auf, heißt sie willkommen, damit ihr eins werden könnt, um den Weg der Liebe zu gehen. Freiheit und Liebe sind eins.

Bleib, du müde Mondfrau, bleib einfach hier sitzen und ruhe dich aus. Ich leg meine goldenen Strahlen auf dich und umhülle dich mit grenzenlosem Vertrauen. Du bist müde von deinem Kampf, von deinem ständigen Kampf, der dich fast zerrissen hätte. Allen wolltest du es Recht machen. Alle wolltest du glücklich machen. Und dann gab es dich nicht mehr. Du hast dich in all den Wünschen der anderen verloren. Du wolltest gefallen und bist gefallen in deinem inneren Krieg. Denn deine Bedürfnisse hast du bekämpft. Deine eigenen Wünsche hast du unterdrückt. Deine Gaben hast du zurückgehalten und dann hast du dich über den Kampf in deinem Leben gewundert. Es wurde zum Überlebenskampf. Am Ende des Tages, wenn die Sonnenstrahlen sich sanft auf den Ozean legten, warst du unendlich müde, denn diesen Tag hast du entweder gewonnen oder du hast ihn verloren. Ich kann so gut verstehen, dass du nun einfach müde bist. Leg dich hin und ruh dich aus. Dein Kampf darf nun endgültig enden.

Die kraftvolle Mondfrau in uns musste schlafen, weil wir lieb sein wollten. Wir wollten lieb sein, Erwartungen erfüllen und gemocht werden. Wir wollten gebraucht werden. Wir wollten so sehr dazugehören, dass wir die Kraft in uns schlafen gelegt haben. Wir wollten nicht stören. Wir wollten nichts zerstören. Doch die kraftvolle Mondfrau erwachte allmählich und begann, uns selbst zu (zer-)stören. Sie wurde wütend und aufmüpfig. Sie knallte Türen und schmiss Tassen an die Wand. Sie rebellierte, weil sie still sein sollte. Doch diese Kraft lässt sich nicht still halten. Diese Kraft lässt sich nicht länger in die Ecke stellen. Denn diese Kraft wird jetzt gebraucht.

Und nun, geliebte Kriegerinnen, wird unser Nein gebraucht und so manches Mal wird ein klares „Verpiss dich" einfach notwendig sein. „Verpiss dich" ist ein Mantra der Selbstliebe. Halte dich nicht mehr auf mit Menschen, die deine Grenzen überschreiten, die dich in die Ecke drängen, die dir nicht guttun. „Verpiss dich" ist deine Waffe, deine Wahl, deine Möglichkeit, dir Raum zu verschaffen. Halte dich nicht mehr auf mit deinem schlechten Gewissen und mit Gedanken um Menschen, die sich um dich nicht kümmern. Hör auf, immer freundlich zu sein oder dich mit einem schlechten Gewissen zu quälen, wenn du es mal nicht bist. Du bist kein kleines Mädchen mehr, das niedlich ist und immer gefallen muss. Wer hat dir gesagt, dass du immer lächeln musst?

Liebe ist nicht immer nett. Liebe ist kraftvoll. Liebe ist stark. Liebe ist wild und die Liebe ist es, die manchmal auf den Tisch haut und laut brüllt. Doch die Liebe wird verniedlicht.

Und dann hast du auf deinen Retter gewartet. Auf dem weißen Pferd sollte er in dein Leben galoppieren. Du wolltest dich hinten aufs Pferd schwingen, deine Arme um ihn schlingen und durchs Leben getragen werden. Doch er kam nicht. Da kam einfach niemand und vor allem kam niemand, der dich retten wollte. Nicht einmal ein weißes Pferd galoppierte dir entgegen. Nichts geschah, einfach nichts. Einsam hast du dich gefühlt. Du hast mit dem Leben gehadert, dich selbst bemitleidet und resignierend hast du abgewunken. In deinen eigenen Tränen wärst du fast ertrunken.

Weißt du, die Wahrheit ist, geliebte Mondfrau, dass du dich vor langer Zeit selbst verlassen hast und deinen eigenen Worten nicht mehr trauen konntest. Du wolltest heute dies und morgen das und übermorgen liegt das Gestern weit zurück. Du hast dein eigenes Wort gebrochen und selbst wolltest du dir die beste Gefährtin sein auf Erden – stattdessen warst du dir selber nicht mehr treu. Du hast das gemacht, was scheinbar von dir erwartet wurde, und jetzt wirfst du deinem Geliebten vor, dich verlassen zu haben und du bist traurig darüber, dass plötzlich kein Kontakt mehr möglich ist. Du hast das Gefühl, dein Geliebter wäre gestorben. Doch du selbst warst schon lange tot – und du hast es gemerkt. Du kannst niemandem sagen, dass du es nicht spüren konntest, doch du bist erstarrt und hast den Weg der Angst gewählt. Die Liebe hast du dann im Außen gesucht – vergeblich, denn dein so geliebter Spiegel ist geflüchtet – wollte deine Maske nicht mehr sehen, wollte keine Droge mehr sein für dich. Denn genauso hat es sich angefühlt, nachdem er gegangen war. Du warst wie auf Entzug, die Sehn-sucht hat dich zerrissen, die Sehn-sucht bringt dich nun um den Verstand. Auf kaltem Entzug schreist du um Nähe – und bist in der Illusion der Trennung gefangen. Doch durch diese Illusion kam die Trennung zustande – du warst getrennt von dir. Getrennt von deiner Kraft, deiner Freude, deiner Liebe, die allein aus deiner Quelle entspringt. Doch dieses Gefühl der Trennung war da, viele Monde, bevor du alleine warst. Viele Monde, bevor du verlassen wurdest, hast du dich selbst verlassen. Dein Schrei nach Liebe muss in dir beantwortet werden. In dir darf das gestillt werden, was nach Nahrung sucht.

Stell dir mal vor, der Mensch, dem du deine Liebe schenkst, mit dem du deine Zeit teilst, ist auf Entzug, wenn er nichts mehr von dir bekommt. Auf kaltem Entzug – und er leidet unglaublich ohne dich. Dieser Mensch braucht dich, er braucht deine Liebe, deine Anerkennung, deine Nähe, deine Worte, deine Blicke, deine Zuneigung. Dieser Mensch fühlt sich wunderbar, wenn er von dir das bekommt, was er braucht und er leidet wie ein verlassenes, kleines Kind, wenn du ihn alleine lässt. Dieser Mensch ist abhängig von dir. Er braucht dich und das hat mit Liebe nichts zu tun. Deshalb gibt es den sogenannten Liebeskummer gar nicht. Es kann keinen Liebeskummer geben. Es ist nicht die Liebe, die Kummer bereitet. Denn die Liebe ist frei, Liebe ist unabhängig davon, ob sie jemand annimmt oder nicht. Wenn Liebe Kummer bereitet, ist es keine Liebe, sondern etwas, das du mit Liebe verwechselst. Es ist das „Brauchen“, es ist das „Haben wollen“ – es ist eine Quelle, deren Ursprung im Ego liegt, nicht in der Liebe. Wenn Liebe Kummer bereitet, bist du in einem Traum gefangen. Du bist in einer Illusion, die aus dem Gefühl der Trennung resultiert. Da bist du und dort ist „der Andere“. Ihr seid getrennt. Du bist getrennt. Da bist du – und dort ist derjenige, der dich verlassen hat. Dort ist derjenige, der dich belogen und so sehr verletzt hat. Dort ist derjenige, der „schuld“ an deinem Elend ist. Doch ihr seid eins, auch wenn es schmerzvoll ist. Ihr wart nicht nur eins in den heiligen, magischen Momenten der absoluten Harmonie. Ihr seid eins. Auch jetzt. Schau dich an. Niemand spiegelt dich so deutlich wie dieser Mensch, der dir im Außen zeigt, was in dir schon längst geschehen ist. Niemand spiegelt dich so sehr wie dieser Mensch, der dir im Außen zeigt, was in dir erwachen darf. Nun bist du dran. Lenke all die Liebe nach innen – die Liebe, die du dieser Person, die du im Außen gesehen hast, geschenkt hast.

Jetzt bist du bereit, in die Liebe hinein zu erwachen.

Du bist diese Liebe.

Du bist all das, was du im Außen so sehnsüchtig erwartest.

Diese Liebe, die du jetzt zum Erblühen bringen darfst, wird dich auf eine ganz neue Stufe erheben.

Denn diese Liebe ist wirklich frei, wahrhaftig, unendlich.

In zärtlicher Wildheit
fließt du im Nebel des Lebens
vertrauensvoll
dem nächsten Ufer entgegen.
Dein sehnsuchtsvoller Gesang
durchdringt jeden Tropfen des Ozeans
und verwandelt Perlen des Regens
in glitzerndes Gold ...
Tiefffühlend öffnest du dich
der Stille der Nacht
und lässt dich von sanften Klängen
des Mondes
in ferne Welten tragen ...
Kraftvoll steigt die Melodie
der tiefsten Urquelle auf
und offenbart dir die
unbeschreibliche
Schönheit der Schöpfung.

Geliebte Kriegerin, ich weiß, du willst fliehen. Wieder mal. Davonlaufen magst du, wie immer, wenn du Angst hast, deine Freiheit zu verlieren. Doch ich möchte dir etwas sagen, geliebte Schwester. Das, was du zu verlieren befürchtest, kann keine Freiheit sein. Denn wenn du wahrlich mit der Freiheit in dir verbunden bist, dann gibt es nichts auf der Welt, was sie dir nehmen kann. Keine Gitterstäbe der Welt können außerhalb existieren, wenn du in dir befreit von allen Fesseln wirklich von der Quelle der Freiheit genährt wirst.

Die Freiheit ist das Resultat von Liebe. Liebe ist das Resultat der Freiheit.

Es ist eins und nicht getrennt, wie du immer dachtest. Du willst frei sein und läufst vor der Freiheit davon, weil du Angst hast, dich einzulassen auf das, was das Leben dir schenken will. Du stößt es von dir und singst Lieder von Unabhängigkeit und davon, dass dich nichts und niemand beeinflussen kann. Du läufst vor der Liebe davon, weil du Angst hast zu verlieren, was du nie besitzen wirst. Du läufst vor der Liebe davon, weil dich dann scheinbar niemand verletzen kann. Doch vergiss nicht, dass du dich selbst verletzt, wenn du dich vor dem, was du am meisten ersehnst, verschließt. Am tiefsten Punkt in dir ist Freiheit und von dort aus kannst du die tiefste Verbundenheit wahrnehmen, die es nur geben kann. Dort angekommen, wirst du dich auch im Leben tief auf Orte, Menschen, deine Aufgabe einlassen können, weil dir niemand etwas nehmen kann.

Halte dich fern von Menschen, die sich von deinem Strahlen überschattet fühlen und dich klein halten möchten, um sich selbst größer zu fühlen. Halte dich fern von Menschen, die neidisch sind auf dein Leuchten und darauf, dass dein pures Sein genügt, während sie um ihre Anerkennung scheinbar schuften müssen. Halte dich fern von deren Gift, das sie versprühen, sobald sie sich von deiner Nähe bedroht fühlen. Mit allen Mitteln werden diese Menschen versuchen, in deinen tiefsten heiligen Raum einzudringen und dort ihre Stacheln auszufahren. Hüte dich vor diesen Menschen. Sie tun dies nicht wegen dir, sie tun es für sich, weil es ihr einziger Antrieb ist, sich selbst besser zu fühlen. Versuche, es nicht persönlich zu nehmen, denn du als Person bist diesen Menschen gänzlich gleichgültig. Hüte dich vor jenen Menschen, die dich nicht wertschätzen und deine Erfolge nicht würdigen.

Jedoch, geliebte Schwester, bleib nicht bei den Menschen, bei „den Anderen" hängen, denn vielleicht gibt es jenen Anteil auch in dir, der Angst hat vor deinem Strahlen und der immer noch glaubt, es nicht verdient zu haben, erfolgreich zu sein. Vielleicht gibt es auch in dir das Gefühl, dass dein Leuchten zu viel ist und dass du etwas leisten müsstest, um wertvoll zu sein. Vielleicht gibt es einen Teil in dir, der sich wünscht, endlich von dir liebevoll empfangen zu werden und vielleicht halten sich jene Menschen, die dich klein machen, von selbst von dir fern, wenn du deine wahre Schönheit nicht mehr abwertest.

Weißt du, geliebte Schwester, immer noch ist es so, dass du tief in dir davon überzeugt bist, dass du etwas leisten musst, um wertvoll zu sein. Immer noch fühlst du dich in vielen Momenten klein und tief in dir ruft etwas danach, Liebe zu bekommen. Immer noch nimmst du dich zurück, obwohl du seit Jahren davon weißt, wie sinnlos es ist, dich zu verstecken. Doch immer noch gibt es diese unstillbare Sehnsucht tief in dir, die leer ist und leer blieb, egal wie sehr du dich bemüht hast, sie zu füllen. Und vielleicht ist dieser Ort in dir niemals bereit das anzunehmen, was immer gegeben ist, denn die Liebe, die dich nährt, war immer da. Viel zu sehr hast du dich darauf konzentriert, was du nicht bekommen kannst, was unerreichbar für dich in weiter Ferne darauf lauert, von dir entdeckt zu werden. Immer noch willst du gefallen und dein Lächeln sucht Aufmerksamkeit, das dich unfrei macht, weil es immer an Bedingungen geknüpft sein wird. Vielleicht erfüllst du diese Leere in dir, indem sie einfach leer sein darf, weil du akzeptierst, dass du vollkommen bist, weil du unvollkommen bist.

… und wenn du dann Liebe empfängst, kannst du sie wirklich einatmen wie den Duft der sanftesten Meeresbrise und einen Moment lang innehalten … und kannst du befreit wieder ausatmen, wohlwissend, dass sie vergänglich ist und gleichzeitig ewig in dir verweilt?

… und wenn du dann Reichtum empfängst, kannst du darin tanzen, wie zum Klang der kraftvollsten Symphonie … und kannst du ihn verströmen wie der Sommerregen sich liebend auf die Erde legt und hineinsinkt, wohlwissend, dass er vergänglich ist und gleichzeitig neues Leben erblühen lässt?

… und wenn du dann das Leben selbst empfängst, kannst du dich zärtlich der dunkelsten Stunde hingeben … und kannst du im Mondlicht sanft sitzen bleiben, wohlwissend, dass es dich verwandeln wird und gleichzeitig die Unendlichkeit in dir geboren wird?

Wenn du sehen könntest, wie wunderschön du bist,
würdest du mit jedem Atemzug Liebe einatmen ...
Du würdest dich öffnen
wie eine Blüte am Morgen
und dich vom zarten Duft
des Sommerregens
sanft streicheln lassen ...
Würde das Gestern im Vertrauen zerfließen
und sich das Morgen
in Liebe auflösen ...
könnte sich der hauchdünne
Schleier zwischen dir und Gott
JETZT
in NICHTS verwandeln ...

Lange bevor ich in deine Augen blicken durfte,
schrieb die Feder der leisen Ahnung
zauberhafte Melodien
unserer zeitenlosen Liebe ...
selbst durch die raschelnden Blätter letzten Herbst
hörte ich deine altvertrauten Lieder,
und der Duft des Frühlings sang
deinen Namen in mein Herz ...
die geheimnisvollen Walgesänge
in sternenklaren Nächten
waren durchdrungen von
Klängen tiefster Sehnsucht ...
und als deine Hand in meiner lag,
wusste ich, dass sie nicht zum ersten Mal dort liegt ...
~~ was für ein Geschenk,
dass dein Lachen in meine Seele fiel. ~~

DIE MONDFRAU IST HIER, UM ALLE WESEN AN DEN WANDEL ZU ERINNERN. DENN AUCH SIE SELBST IST BEREIT, IMMER WIEDER ALLES LOSZULASSEN UND VOLLKOMMEN NACKT IM WIND ZU STEHEN.

Rhythmus

Wenn du dich wahrlich dem Leben schenkst, dann gibst du dich dir selbst hin. Wenn du dich dir selbst hingibst, dann bist du im Einklang mit deinem ureigenen Rhythmus. Wenn du dich deinem ureigenen Rhythmus wirklich hingibst, geschieht die tiefste Harmonie, die nur entstehen kann. Dann klingt dein eigenes Seelenlied genauso wie der Klang, den du mit deinen Schritten im Leben erzeugst. Da ist kein Kampf mehr gegen das, was jetzt gerade ist. Da ist kein Kampf mehr gegen dich selbst. Das ist das größte Geschenk, das du dir selbst machen kannst. Das ist das größte Geschenk, das du deinen Liebsten machen kannst.

Wenn Ebbe ist, darf Ebbe sein. Wenn Flut ist, stürzt du dich in die Wellen. Wenn du dich zeigen willst, öffnest du dich und wenn du Ruhe und Schutz brauchst, ziehst du dich in dich selbst zurück. Wenn du einatmest, atmest du ein und wenn du ausatmest, atmest du aus.

Dieser Rhythmus kann sich verändern. Niemals ist er immer gleich. So wird dein Leben zu einem harmonischen, klangvollen Lied. So wird dein Da-sein zu einem zauberhaften Tanz.

Du hast alles versucht, denn du wolltest nichts mehr als endlich Frieden finden in deiner aufgewühlten Seele. Du wolltest nichts mehr, als endlich in Ruhe gelassen zu werden von all den vielen Gefühlen, die dich antreiben, von den aufgewirbelten Emotionen, die dich so manches Mal schier in den Wahnsinn zu treiben scheinen. Du hast alles versucht. Doch es gelang dir weder, stets positiv zu denken, noch hast du es geschafft, dich in jeder Situation liebend so anzunehmen, wie du bist. Und so wurde die Wut immer größer, denn der größte Kampf hat mit dem immens hohen Anspruch an dich erst so richtig begonnen. Du wolltest nicht mehr werten und hast dich und deine Bedürfnisse damit abgewertet. Du wolltest nicht mehr urteilen und hast dabei übersehen, dass der Wunsch, nicht mehr zu urteilen, schon Urteil genug ist. Du hast begonnen, all deine Wut gegen dich selbst zu richten, denn der Welt wolltest du dich erleuchtet präsentieren. Eine erwachte Frau ist liebend, friedlich, in sich ruhend. Eine erwachte Frau ist voller Sanftmut. Eine erwachte Frau ist engelsgleich.

Und so geschah etwas, was viel Krieg in dir verursachte, denn die Kluft zwischen dem, was du sein wolltest, und dem, was für dich in deinem Alltag lebbar war, wurde immer größer. Es hat dich schier zerrissen und dein stummer Schrei erfüllte den Nachthimmel mit Blitzen, die in deinem Herzen widerhallten. Oh, wie sehr hast du dich selbst verurteilt und deine Schuldgefühle haben dir den Schlaf geraubt. Wie viele Nächte lagst du wach, vom Kummer geschüttelt. Oh, wie müde du warst, von diesem ewigen Kampf, der dir deine letzten Kräfte raubte.

In vielen Meditationen und Tänzen bist du der Göttin in dir begegnet. Und ja, diese Göttin existiert. Zeitweise ist es dir sogar gelungen, diese Göttin in deinen Alltag zu weben. Alles gelang dir federleicht und du warst geerdet und liebevoll, wie noch niemals zuvor. Wie sehr hast du dir gewünscht, dass dieser Zustand für immer so bleiben möge. Doch was ist für immer, geliebte Schwester, außer dem ewigen Wandel?

Weißt du, du wirst vor deinem Menschsein niemals fliehen können. Und ich sage dir, geliebte Mondfrau, lege deine Waffen nieder und hör auf, den Mensch, der du bist, zu bekriegen. Hör auf, gegen deine Gefühle zu kämpfen. Hör auf, dein Schluchzen zu unterdrücken, deine Wut gefangen zu halten, deine Trauer einzusperren. Hör endlich damit auf, dich zu schämen für das, was dich am Leben hält. Hör auf, deine Lust zu verteufeln, denn deine Lust ist es, die dich lebendig sein lässt.

Die Unendlichkeit des Sternenhimmels erinnert mich daran, dass die formlose Schönheit sich nicht einfangen lässt. Keine Form, kein Konzept, keine Antwort kann im Morgengrauen verhindern, dass die Farben der Nacht verblassen und das Sonnenlied der Freiheit neue Bilder in den Himmel malt. Kein Wort, und mag es noch so weich und schön sein, kann den Moment festhalten, weil er im Wolkenmeer bereits im nächsten Augenblick neue Geschichten an den Horizont schreibt. Denn wenn gemalte Worte befreiend als Regentropfen in die Erde sinken, entstehen dort Blumenwiesen, so wild und rein wie das Lied des Windes. Tore öffnen sich, wenn wir aufhören, das tiefste Erleben in Räume zu sperren, die verhindern, dass wir den Gesang hinter dem Himmelsklang erhören und dazu tanzen, als gäbe es kein Morgen.

Ich halte nicht fest an Dingen, die mir nicht mehr gelingen, weil der ewige Wandel ein Bild gezeichnet hat, das nicht mehr in den Rahmen von gestern passt. Weißt du, es ist verlorene Kraft zu wollen, dass das Gestern sich im Morgen verliert. Das Jetzt kam dazwischen und das, was ich bin, hat die Richtung geändert. Warum macht der Frühlingswind dir Angst?

Und doch kann ich aus der Formlosigkeit eine Form entstehen lassen und spielerisch kann ich alles, was aus dem Rahmen fällt, in Fotoalben kleben. Und doch legen sich so manches Mal, durch die Leere, Worte auf den Klang, zaubern sich hindurch, stehen plötzlich geschrieben und lösen sich mit der nächsten Melodie wieder auf. Und manchmal legen sich zärtlich Lieder in die Stille, fangen mich ein, umtanzen mich sanft, verlassen diese Welt so heimlich, wie sie gekommen sind. Und manchmal, meistens dann, wenn ich gar nicht damit rechne, geschieht ganz leise ein Wunder und ich halte es fest, in dem ich es weit öffnend der Unendlichkeit schenke. Und manchmal, meistens dann, wenn ich fühle, nicht denke, dann hebt mich das Leben empor und bringt mich dorthin, wo ich hergekommen bin, und wenn es mir gelingt, diese Welt, und sei es auch nur für einen Augenblick, ganz sacht in dein Herz zu streicheln, dann ist alles vollbracht.

Deine Krankheit – dein Freifahrtschein

Da liegst du nun und bist geflohen in deine Krankheit – wieder mal gefangen in deinem Schmerz.

Ohnmächtig – verloren. Und doch, siehst du, endlich – endlich – hast du Macht. Ein Freifahrtschein in alles, was du schon lange (nicht mehr) leben wolltest.

Dein Nein hast du gehört. Immer wieder hast du es gespürt. Doch die Kraft ging dir aus – der Preis war scheinbar zu hoch, dieses Nein in die Welt zu rufen.

Machtvoll in deiner Ohnmacht spielst du nun deinen höchsten Trumpf aus. Endlich – endlich setzt du deinen Willen durch. Alles dreht sich nun um dich. Die Ängste und Sorgen deiner Liebsten lassen sie zu deinen Marionetten werden.

Dein Freifahrtschein zurück zu dir. Ruhe, endlich ist da Ruhe. Liegenden Menschen übergibt man keine Verantwortung. Endlich ist da Ruhe – welch ein Segen. Stille. Wie lange hast du dich danach gesehnt. Deine machtvolle Ohnmacht zwingt auch deinen letzten Gegner in die Knie. Herzlichen Glückwunsch. Du hast gewonnen.

Gibt es auch einen anderen Weg? JA. Doch dazu braucht es Selbstvertrauen. Dazu braucht es Rückgrat. Dazu braucht es Verantwortung. Dazu braucht es Mut.

Komm, steh auf, geliebte Seele. Steh auf und sag laut, was du brauchst. Sag laut, was deine Seele längst weiß. Der Preis ist hoch. Doch du, geliebte Seele, bist wertvoller. Dort, wo deine Wahrheit ist, ist deine Kraft. Dort, wo deine Kraft ist, ist dein Weg. Dort hast du Rückenwind.

Steh endlich auf, geliebte Seele. Steh auf und zeig DICH.

Fühl dich frei.

Heilung ist nichts Außergewöhnliches und erst recht nichts Übernatürliches.

Heilung ist das Natürlichste, was nur geschehen kann.

Es ist so einfach und unspektakulär, dass unser Verstand es niemals begreifen wird.

Du entspannst dich einfach in den Augenblick, der ist, und fällst in das, was du immer schon warst. Das ist alles.

Es geht nicht darum, noch mehr zu wissen. Vielmehr geht es darum, alles, was du zu wissen glaubst, einfach zu vergessen. Ich weiß um deinen Schmerz, ich weiß um deinen Kampf. Deshalb weiß ich, dass du diesen Kampf verlieren wirst, wenn du nicht aufhörst zu kämpfen.

Akzeptiere, dass es Kräfte gibt, die um so vieles stärker sind, als du es jemals sein wirst, und das Leben wird dir alles schenken, was deine Seele braucht.

Wenn Heilung geschehen soll, dann akzeptiere diesen einen Augenblick genau so, wie er ist. JETZT. Das ist alles, geliebte Schwester.

Und plötzlich bist du nackt. Ohne Schminke, ohne Kleidung, ohne Ausreden, ohne Lächeln. All deine Masken sind durch deine Tränen geflossen. All dein „Gefallen wollen“ hat keinen Bestand mehr. Und plötzlich bist du nackt. Deine Masken, träumende Kriegerin, deine Masken werden jetzt fallen.

Dein Lächeln wird echt sein oder erstarren, die Zeugen deiner Tränen werden nicht mehr nur die Sterne der Nacht sein, sondern die Sonnenstrahlen werden deine Tränen trocknen, deine Schwestern werden deine Tränen sehen, sie werden dich verstehen, weil sie immer bei dir waren, sie werden mit dir weinen. Und deine Kleidung wird dich nicht mehr tarnen, nicht mehr schützen. Es wird keine Rolle mehr spielen, was du trägst, weil du keine Angst mehr hast, dich zu zeigen. Und du wirst sehen, dass deine Schwestern dich nicht verlassen, sie werden sich vor dir verneigen, weil sie dich zum ersten Mal richtig sehen können.

Geliebte Schwester,

ich sehe dich an und ich kann nur sagen, ich liebe dich.

Denn plötzlich bist du nackt. Ohne Schminke, ohne Kleidung, ohne Ausreden, ohne Erklärungen, ohne Lächeln. All deine Masken haben deine Tränen davon geschwemmt, all deine Mauern sind gefallen. Es war zu mühselig, sie zu halten.

Verletzbar wie nie zuvor blickst du mich an und zum ersten Mal sehe ich dich wirklich.

Wo warst du all die Jahre? Es scheint, als sähe ich dich zum ersten Mal.

Du siehst müde aus. Das Spiel war anstrengend. Immer gefallen zu wollen, ist mühsam.

Kleine Falten umranden deine Augen und erzählen Geschichten von einsamen Nächten und glücklichen Tagen, von Häfen und wilden Meeren.

Tiefe Täler liegen auf deiner Stirn. Sie singen leise von all den Schluchten, die du durchschritten hast. Das Meerblau deiner Augen lässt mich in deiner Seele baden. Achtsam tauche ich mein Herz in das kühle Nass und schwimme durch warme Quellen.

Wo warst du so lange? Es scheint, als fühlte ich dich zum ersten Mal.

Du siehst traurig aus. So viel Schmerz hat dich all die Jahre begleitet und ihn zu verbergen, war anstrengend. Ich sehe das Feuer in dir und ich spüre dich brennen. Lichterloh.

Ehrfurcht breitet sich in mir aus – dich zu sehen, lässt mich staunen.

Dich zu sehen, lässt auch meine Masken fallen. Dich zu sehen, macht mich nackt.

Verletzbar wie nie zuvor sitze ich vor dir und ich sehe dich – ich sehe mich – ich sehe unser Spiel und all unsere Geschichten, die dahinter liegen. Komm, lass uns in der Abendsonne unsere Seelen wiegen, vom sanften Wind der Liebe.

Ich liebe dich.

Du glaubst, wenn du durch diesen Schmerz gegangen bist, dann wartet dort die Liebe auf dich. Hinter diesen Tränen wartet die Heilung. Hinter diesem dunklen Tunnel wartet das Licht. Und dann bist du jedes Mal verwundert. Denn hinter der Liebe wartet der Schmerz, hinter der Heilung warten Tränen, hinter dem Licht wartet der nächste Tunnel auf dich.

Es geht immer weiter. Die Welt bleibt nicht stehen, nachdem du durch die Dunkelheit gegangen bist. Die Welt bleibt nicht stehen, weil du Heilung erfahren hast. Die Welt bleibt nach deinen vielen geweinten Tränen nicht stehen. Der Wandel ist das einzig Beständige. Und auch wenn du dort bist, in deinem heiligen Raum, hört die Welt nicht auf, sich zu drehen. Doch vielleicht gelingt es, von diesem Ort aus durch den Tunnel zu tanzen, den Schmerz zu beobachten, den Tränen zu vertrauen. Vielleicht gelingt es von diesem Ort aus, einfach weiterzugehen, wohlwissend, dass wir geborgen, beschützt werden von einer Kraft, die unseren Weg kennt und die uns das Wissen des Himmels schenkt, sobald wir uns von der Erde tragen lassen.

Es ist ein Zauber, der uns umgibt, es ist Magie, die uns umhüllt, sobald wir uns einfach hingeben und das aufgeben, was uns immer wieder in dunkle Räume führt. Es ist ein Wunder, das sich wundert, warum wir dauernd unsere Wunden füttern, statt sie endlich in Ruhe zu lassen. Sie werden vielleicht niemals heilen, doch sie werden still verblassen, wenn wir aufhören, ständig darin zu verweilen.

Und nun, geliebte Mondfrau, ist es an der Zeit, all die Verantwortung, all die Bürde, die du für andere Menschen übernommen hast, abzugeben. Sie lastet schwer auf deinen Schultern. Sie lastet schwer in deinem Herzen. Aus vermeintlicher Liebe hast du diese Last auf dich genommen, doch die Liebe, in die wir jetzt eintauchen dürfen, lässt keine Kompromisse mehr zu. Sie fordert uns auf, die Verantwortung für uns selbst zu übernehmen und dies beinhaltet das Abgeben all der Bürden, die nicht unsere sind. Es sind viele Lasten, die du auf dich genommen hast. Schau nur, wie dein Rücken manchmal schmerzt, wie viele schlaflose Nächte dich quälen, wie viele Steine dein Herz erschweren. Doch so manches Mal erscheint es so, als hättest du dich an diese Last gewöhnt. Sie ist lange bei dir. Du trägst sie schon viele Monde mit dir spazieren, abertausende Sterne sind Zeugen deiner Tränen in dunklen Winternächten.

Doch jetzt, geliebte Kriegerin, darfst du all die Bürden der Menschen, denen du im Herzen begegnet bist, all die Lasten deiner Vorfahren, all die schweren Themen deiner Ahnen und Ahninnen abgeben. Lass sie mit den blutroten Blättern der Linden in den rauen Herbstnächten von stürmischen Winden davonwirbeln, gib sie den Regentropfen, die ohnehin schon lange so wild an dein Fenster klopfen, entzünde ein großes Feuer und gib all deine Last den züngelnden Flammen, die dich auffordern, auch endlich dein Licht heller leuchten zu lassen und gebe sie als Asche der Erde zurück. Gib dich einfach hin und vertraue.

Stille Farben

Und dann tanzt die blaue Nacht in stillen Farben
wild vom Himmel,
soeben hast du noch gelacht,
doch aus fernen Narben fließen Tränen
und ich frage dich,
kannst du leben ohne Sehnen oder ist es eine Sucht?
Der Duft des Seins ist jetzt gegeben
und wenn wir träumend neue Meere weben,
weil die Leere uns durchdringt,
dann gelingt der Fall in Sphären,
dort, wo völlig unbekannte Klänge nähren,
was altvertraut von Nähe singt ...
und ich frage dich,
kannst du bleiben in stillen Farben,
wenn sich Perlen liebend aneinanderreihen,
kannst du jenseits deiner Narben
bleiben, einfach bleibend – mit dir SEIN?

Das alles bin ich ...

Ich habe den Regen umarmt und die Erde
mit meinen Füßen gestreichelt,
ich habe den Himmel mit meinen Augen
geliebt und die Sterne geküsst.
Ich habe alles verloren, was mir heilig war.
In Gewitternächten habe ich geweint und gefragt,
ob ich mitkommen darf.
Endlich – in die Unendlichkeit zurück.
Ich habe die Bäume umtanzt und mich
vor der Mondin verneigt.
Ich habe den Wind sanft in mir liebkost und den
Regen perlend in den Schlaf gesungen.
Und dann, allmählich, ist es mir gelungen
zu lieben, was zutiefst aus mir entsprungen,
zu allen Monden in mir schlief,
denn ich hörte in jener Stille,
was immer schon nach Freiheit rief.

Das, was du Schmerz nennst, ist nur dein Festhalten an Illusionen. Du hältst krampfhaft an Seifenblasen fest und dieses Spiel ist anstrengend. Deine gesamte Energie fließt in dieses sinnlose Festhalten von Dingen, die sich nicht halten lassen.

Und du strengst dich so sehr an, dass es weh tut.

Du wirst aufgeben, wenn du das Festhalten nicht mehr festhalten kannst. Und ja, in diesem Moment wirst du deinen Halt los. Und du wirst erleben, dass du tanzend die Sterne berührst.

Wenn meine Liebe zu dir ein Lied wäre,
so würde es klingen wie abertausende blaue Diamanten,
die an den Grund des Seins sinken,
weit hinter die Wellen der Sehnsucht,
dort, wo die Mondin ihre lichtvolle Weisheit
lautlos durch den Ozean singt.
Worte fließen in die Stille zurück,
während die Stille sich in der
Unendlichkeit auflöst und der Atem
der Welt all das verwandelt,
was keinen Wunsch nach Wandlung mehr hat.
Ich lasse mich atmen. Lasse mich tragen.
Lasse mich frei ... und falle zurück in die zeitlose Liebe,
die verbindet, wo niemals Trennung war.

Lilien im Abendwind

So rein wie Lilien im Abendwind
soll mein Lied für dich sein,
wenn der Abschied naht
und mein Vertrauen dich
tanzend in neue Welten trägt ...

Sanft möchte ich deine Tränen trocknen
und als Hüterin deiner Seele
samtweiche Zärtlichkeit in
dein Sein streicheln ...

So wisse,
der Hauch des Himmels
möchte dich an die Unendlichkeit
erinnern ...
und wenn du eines Tages vergisst,
warum du hier bist,
träume dich in meine Seele,

so leise wie Lilien im Abendwind,

damit du dich ausruhen kannst
in meiner Liebe
für einen zeitlosen Moment ...

Ich schreibe ein Abschiedslied mit den Tränen des Windes,
und all meine Worte zeichnen den Himmel in
die leeren Seiten unserer Geschichte.
Ein ganzes Buch habe ich bereitgehalten
für uns und all die weißen Blätter
werden nun weiß bleiben,
denn es wird keine Bilder mehr von uns beiden geben,
wir werden nichts Gemeinsames mehr erleben.
Oh, du fehlst mir so sehr.
Ein kahler Baum, der eben noch voller Blüten war,
spendet mir Schatten und weißt du,
wie gerne hätte ich unseren Abschied gefeiert – doch
mit einem Wimpernschlag warst du weg,
und überall, wo wir waren, sah es aus,
als hätte es uns nie gegeben.
Schmetterling der Nacht, durch dich ist die
Weisheit der Sonnenmondin erwacht.
Was haben wir gelacht – was haben wir gelacht –
doch mein Abschiedslied hat dich ganz leise und sacht
fliegend in dein neues Paradies gebracht.

Und hier steh ich wieder mal nackt. Verletzbar. Nicht wissend, ob ich mir meiner nächsten Schritte sicher bin. Ob ich mir sicher bin, auch mein letztes Kleidungsstück fallen zu lassen, wolltest du von mir wissen. Doch wie kann ich mir jemals sicher sein? Sicher allein bin ich mir, dass ich in der Unsicherheit weitergehen will. Sicher allein ist, dass ich den Schritt trotzdem gehe, auch wenn es der erste ist, bei dem die Illusion, auf festem Boden zu stehen, davongleitet. Sicher allein ist die Unsicherheit und sicher ist, dass ich nackt im Wind stehenbleibe und mir nehmen lasse, was weiterfliegen möchte.

Sie scheut sich nicht vor dem Feuer. Denn sie selbst brennt lichterloh.

Lange Zeit wurde dir beigebracht, dass du dein Feuer zügeln musst. Lange Zeit hast du geglaubt, dass du dein Feuer kontrollieren musst. Doch ich sage dir, lass los. Lass dein Feuer los und brenne lichterloh.

Du hast deine Flamme klein gehalten. Immer wieder hast du sie gelöscht. Immer wieder hast du dich selbst verbrannt. Doch du hattest Angst davor, gesehen zu werden. Ein lichterloh brennendes Feuer wird gesehen. Ein lichterloh brennendes Feuer wird vieles sichtbar machen. Doch mach nicht den Fehler, dein Feuer mit den Bränden zu verwechseln, die ganze Wälder und Landflächen vernichten.

Denn dein Feuer kommt aus dem Herzen. Dein Feuer ist ein Herzensfeuer. Es wird niemanden verbrennen, wenn du es frei lässt. Doch es wird dich verbrennen, wenn du es gefangen hältst.

„Spiel nicht mit dem Feuer“, wurde dir immer wieder gesagt.

Doch Feuer will spielen. Feuer will tanzen. Feuer will sich spielend ausbreiten. Die Flammen deines Herzens, deiner Lust, deiner Wildheit wollen ins Leben tanzen. Sie wollen nicht in dir verkümmernd ersticken.

Und so öffne die Fenster und Türen deiner Seele und lass dein Herzensfeuer im sanften Wind deiner Liebe in die Welt tanzen.

Feuer darf sich ausbreiten.

Entflammt

Diese Flamme kannst du, nur du erwecken.
Wunden aufdecken.
Bedecken mit Küssen aus Licht.
Diese Flamme kann nur ich in dir entfachen.
Komm, ich will mit dir lachen,
einfach lachen, lass uns lachen.
Und all die Dinge machen, die auf uns warten.
Still ist es mit dir – tief bist du in mir.
Diese Flamme schenkt mir neues Leben …
und wird allmählich die reinste Wahrheit
in jede Faser meines Seins weben.
Diese Flamme scheint in
allem, was noch verborgen.
Ein neues Morgen wurde geboren.

Diese Flamme ist EINS.
Und doch entzweit.
In der Tiefe allen Seins,
entfacht für die Unendlichkeit.
Diese Flamme kannst du, nur du erwecken.
Wunden aufdecken.
Bedecken mit Küssen aus Licht.

Ich habe keine Angst vor Nähe, doch ich weiß darum, dass es die Distanz ist, die das Feuer am Leben erhält. Ohne Abstand bist du mir so nah, dass ich dich nicht mehr sehen kann und so, dass die Luft nicht mehr entfachen kann, was zu ersticken droht. Weißt du, ich liebe unser loderndes Feuer und die Kraft, die uns nährt, wenn beide Flammen spielend miteinander tanzen. Die Flamme der Nähe und die Flamme der Distanz. Die Flamme der Lust und die Flamme der Liebe. Und ich liebe das leise Sehnen, das mich dir so nah sein lässt, und ich liebe es, dich aus der Ferne zu sehen und zu spüren, dass wir nie getrennt sind, egal wie weit der Weg zwischen uns auch erscheinen mag. Ich liebe die Pfade, die mich zu dir führen, wenn ich dem zarten Lied unserer Seelen folge.

Ich habe keine Angst vor Nähe, doch ich weiß um die Selbstverständlichkeit, die den Zauber gefangen hält und um die Magie, die in graue Wolken fällt, wenn der Tanz der Gegensätze endet.

Wenn du in lauwarmen Frühsommernächten
bei offenem Fenster und Vorhängen,
die im sanften Wind zum Klang der Sterne tanzen,
in meinem feurigen Schoß versinkst,
dann lädt uns der Glanz des zeitlosen Augenblicks ein,
für die Ewigkeit in der Vollkommenheit zu verweilen.
Und so nehme ich dich im Sturm des Sommerregens,
als wäre es unsere allerletzte Nacht ...
und so nehme ich dich,
als würde ich zum ersten Mal den Krieger in dir erwecken,
und wenn deine Lippen sanftweich und wie zufällig
auf meinem glühenden Feuer landen,
dann fühlt es sich an, als wäre der Zeitpunkt gekommen,
von den Klippen zu springen,
um immer tiefer zu fallen,
doch ich halte mich fest an dir,
halte mich fest an dir, als könnte ich niemals ertrinken.
Sag mir, dass ich niemals verlorengehen kann,
egal wie tief ich durch die Wolken falle.
Es ist mein Verlangen, das mich durch
die Nacht schreien lässt,
mein Verlangen nach dem, was ich immer
in dir erahnen konnte.
Doch wie viel Erfüllung lässt die Freiheit
feurig dort sein, wo sie atmen kann
und wie viel Sehnsucht lässt die Nähe erblühen,
dort, wo es sanft nach Geborgenheit ruft?

Weißt du, es macht keinen Sinn das wilde Pferd in dir zu zähmen. Es will nicht gebändigt werden, sondern über Felder galoppieren und über Zäune springen. Es wird dir nicht gelingen, es zur Ruhe zu zwingen. Es will wild sein, einfach wild sein ... lass es los. Und eines Tages – du wirst überrascht sein – doch eines Tages wird es von selbst langsamer und müde unter schattenspendende Bäume dösen und friedlich in die Abendsonne blicken.

Geliebte Mondfrau, die Flamme in dir will nicht gebändigt, sondern genährt werden. Die ungezähmte Frau schämt sich nicht für das wilde Pochen ihres Herzens, für den entfesselten Tanz ihrer Seele, den freien Flug ihres Geistes. Sie schämt sich nicht für all das, was ungebändigt von ihr gelebt werden will. Jeder Versuch, das Feuer in dir zu zähmen, wird einen einst lebendigen Teil in dir lähmen und irgendwann, wenn du dich lange genug gezügelt hast, kann es passieren, dass du dein Feuer nicht mehr spüren kannst.

Die Flamme in dir will genährt werden. Sie will genährt werden von all dem, was dir Freude bereitet, von all dem, was dich lebendig sein lässt, von all dem, was dich wild und ungezähmt spüren lässt, wer du bist.

Sie bleibt in der dunkelsten Stunde einfach sitzen, auch wenn alle um sie herum davonlaufen.
Ihre Tränen haben schon einige Ozeane gefüllt, in die sie sich fallen liess, um dort an den tiefsten Grund zu tauchen.
Sie hat keine Angst vor der Tiefe des Seins.

Der Weg der Mondfrau ist ein Weg, den dir niemand zeigen wird. Er entsteht, wenn du dich öffnest für den Samen des Augenblicks und ins Leben trägst, was sich durch dich gebären möchte.

Er entsteht durch deine Bereitschaft, in jedem Moment sterben zu lassen, was du zu wissen glaubst, um ein neues Jetzt zu kreieren. Jede einzelne Frau bringt ihren ureigenen Weg selbst auf die Welt, indem sie dem Gesang ihrer tiefsten Sehnsucht folgt und sich vom Licht der unendlichen Weisheit durchströmen lässt.

Der Weg der Mondfrau ist ein Schöpfungsweg.

Du bist einfach das, was du bist, und lebst all deine Facetten, weil du keine Angst davor hast, dir selbst zu begegnen, in allem, was du berührst.

Du öffnest dich ganz und gar, weil du weißt, dass sich jeder Pfeil in Liebe auflöst, sobald er in deine tiefste Essenz dringt.

Du empfängst nichts anderes als den Atem des Augenblicks.

Der Weg der Mondfrau ist der Weg, auf dem Liebe sein darf wie ein Haus ohne Mauern, wie ein Tanz im Sommerregen zu einem Lied ohne Noten. Auf dem Liebe sein darf wie Schmetterlinge, die sich aus dir befreien, um so lange um dich zu flattern, bis du selbst zur dich verwandelnden Göttin wirst.

Dieser Weg ist der Weg der mutigsten und sehnsuchtsvollsten Seelen. Denn nur, wenn die Sehnsucht nach der Morgensonne groß genug ist, wird der Mut uns durch die dunkle Nacht begleiten.

In der dunkelsten Nacht leuchten die Sterne am hellsten.

„Viele Menschen möchten nichts von der Dunkelheit wissen", flüstert die Mondin in mein Herz. „Sie möchten die Sonne erleben. Sie sprechen von Liebe und Licht und sehnen sich nach dem ewigen Glück. Die Menschen meiden die Dunkelheit, deshalb hören sie meinen Gesang nicht. Und weil sie meinen Gesang nicht hören, spüren sie ihre tiefste Sehnsucht nicht. Eine einzige durchlebte tiefdunkle Nacht würde genügen, um in die Morgendämmerung zu erwachen."

Die Mondin möchte uns liebend daran erinnern, dass der Weg zur Heilung durch die Dunkelheit führt, so, wie der Weg ins Leben ein loslassendes Sterben war. Doch solange wir Angst vor dem ewigen Wandel haben, werden wir uns dem Leben nicht hingeben, singt sie in sternenklaren Nächten durch die Unendlichkeit.

Die Mondin ist die Mutter der Meere. Sie legt schützend ihre Liebe um uns, wenn unsere Tränen einen Ozean füllen und wir mutig hinterherspringen, um an den tiefsten Grund zu tauchen. Sie umhüllt uns mit ihrer Weisheit und wiegt uns im Glanz der dunkelsten Nacht.

Die Mondin ist die Großmutter der Erde. Sie singt kraftvolle Lieder von der Sanftheit und Verletzlichkeit, die wir Menschen manchmal vergessen haben und ermutigt uns, diese tiefste Stärke wieder zu entdecken.

Wenn du dem Gesang deiner tiefsten Sehnsucht folgst, dann hast du dich dem einzig Ewigen hingegeben und dein ganz eigener Weg wächst aus deiner Empfänglichkeit, gebiert sich aus deinem Wunsch, Leben zu schenken und reift durch deine Liebe.

Ich begleite dich in deine Unterwelt. Dort entfache ich ein Feuer – willst du es sehen? Willst du in deinen Flammen stehen? Ich begleite dich in deine Unterwelt, denn alles in dir will gesehen werden. Alles in dir will befreit werden. Alles in dir will leben. Darum kann ich dir nur geben, was du zu nehmen bereit bist.

Ich habe nicht gesagt, dass es angenehm ist, wenn du dich zum ersten Mal nackt im dunklen Bergsee deiner Ängste spiegelst. Doch du entscheidest, was du nun machst. Alles in dir will gesehen werden. Sobald das Dunkle, Versteckte in dir ans Licht kommt, erfährt es Heilung. Es will einfach nur da sein dürfen. Einfach nur geliebt werden. Von dir. Bedingungslos frei sein.

Deine Tränen, geliebte Schwester, haben tatsächlich ganze Ozeane gefüllt. Du hast viele Tränen geweint, deine eigenen und oftmals die der anderen, denn in deiner Tiefe weißt du darum, dass ihr eins seid und alle unsere Tränen aus ein und derselben Urquelle kommen.

Seitdem du hier auf der Erde bist, hast du viel geweint. So manches Mal hast du dich geärgert über deine Tränen, denn schließlich wolltest du glücklich sein. Du bist eine glückliche Kriegerin, keine Weinende, und du wolltest Frieden in dir haben. Wütend warst du auf deine Tränen und schwach hast du dich gefühlt. Irgendwann aber hast du aufgehört, auf deine Tränen zu schimpfen. Denn sie befreiten dich jedes Mal und sie haben dir gezeigt, dass du lebst. Und so wie Pflanzen Wasser brauchen, so braucht unser Herz unsere Tränen, um weich zu bleiben. Wenn Herzen ohne Wasser leben müssen, werden sie hart. Eine Mondfrau aber hat ein weiches Herz. Sie ist berührbar. Sie hat keine Schutzpanzer um ihr Herz gebaut, weil sie weiß, dass sich jeder Pfeil in ihrem tiefsten Herzen einfach auflöst, weil dort nichts als Liebe ist. Deine Tränen sind ein Zauberwerk der Göttin. Liebe deine Tränen, sie befreien dich, sie verwandeln dich zutiefst. Erlaube deinen Tränen, frei zu sein. Sperr sie nicht ein.

Wenn dein Wegweiser die Liebe ist, geliebte Göttin der Nacht, dann wirst du dich von deiner Angst führen lassen und all die Dämonen der dunkelsten Stunde finden ihren Platz in deinem Herzen. Deine Ängste werden Gesichter und Formen bekommen und während sie mit dir am Tische sitzen, werden sie ihre Fratzen in liebende Blicke verwandeln.

Solange du deine Ängste nicht einlädst, kann die Liebe dich nicht führen, denn die Liebe wird aus der Angst geboren und die Angst wird aus der Liebe geboren. Der Tag steigt aus der Nacht empor und die Nacht gleitet aus dem Tag in eine neue Wirklichkeit hinein.

Wenn du glaubst zu wissen, was Liebe ist, dann hast du noch nicht von der Liebe gekostet. Wenn du sie nur leise erahnen kannst, dann fühlst du, dass du sie nie verstehen wirst. Die Liebe kann nicht im Ansatz in Worte gekleidet werden, weil sie aus jedem Kleid sofort entflieht, weil Liebe nackt ist, und nackt ist noch zu viel. Die Liebe sieht, dass da niemand ist, der sie erklären könnte und jede Vorstellung davon, wie die Liebe sein sollte – und ist diese Vorstellung noch so poetisch und wunderschön –, kann niemals das aufzeigen, was sie ist.

Wenn du glaubst zu wissen, was Wahrheit ist, dann hast du noch nicht aus dem Krug der Wahrheit getrunken. Denn die Wahrheit kann niemals verstanden werden. Sie kann nicht im Ansatz in Worten, Bildern, Lieder existieren und doch siehst du sie in Worten, Bilder und Klängen – doch du konzentrierst dich so sehr auf die Worte, auf die Bilder, auf die Lieder, dass du nicht spüren kannst, dass die Wahrheit zwischen den Klängen, zwischen den Farben, zwischen den Worten liegt. Doch dort hinein zu sinken, erfordert Mut. Dich auf die Klänge zu legen, ist leicht. Dich auf die Konturen in einem Bild zu fokussieren, ist eine einfache Übung und das Wort selbst zu sehen, ist keine Kunst. Doch was geschieht, wenn du in den Raum zwischen den Klängen gleitest? Wenn du nicht das Wort selbst liest, sondern den Zauber dazwischen spüren kannst, wenn du nicht die Farben des Bildes bewunderst, sondern das Nichts zwischen all den bunten Spielen dieser Welt?

Hast du den Mut, in diese Leere zu sinken, in diesen Abgrund zu fallen, in diesen magischen Urgrund zu gleiten? Glaub mir, in dem Meer deiner Seele wirst du nicht ertrinken, obwohl du grundlos immer tiefer sinkst.

Da ist nichts mehr, woran du dich klammern kannst. Keine Struktur, keine Hand gibt dir Halt, keine Umarmung gibt dir Sicherheit, kein Wort gibt dir das, wonach du dich sehnst und sobald du dich an einen Gedanken lehnst, weil er dir Wahrheit verspricht, nimmt dir das Leben selbst die Sicht und du fällst zurück in den Moment.

Und wenn du glaubst, am Grund des Seins angekommen zu sein, dann bist du noch lange nicht dort. Denn den Grund des Seins gibt es nicht – weil die Unendlichkeit grundlos einfach ist, was sie ist.

Geliebte Schwester, ich möchte für dich da sein, wenn du traurig bist und ich möchte dir sagen, dass ich dich fühle, auch wenn du mich im Moment nicht spüren kannst. Du fühlst dich gefangen in dir, doch die Mauer, die uns trennt existiert nur in deinen Gedanken. Lass mich eine Brücke bauen zu deiner Welt, die auch meine ist. Ich reiche dir meine Hand, ich reiche dir meinen Blick, der dich sieht, obwohl du dich unsichtbar fühlst. Ich reiche dir eine Decke aus Liebe, die dich sanft einhüllt, bis du wieder bereit bist, in die Welt zu gehen. Du sagst, du hast so viele Fehler gemacht und obwohl du so viel denkst, hast du so vieles nicht bedacht, dass die Stille der Nacht dich dran erinnert hat, was du scheinbar versäumtest. Doch weißt du, du hast alles richtig gemacht, in jedem Moment. Du hast alles richtig gemacht, auch wenn es sich jetzt anders anfühlt. Lehn dich zurück und lass dich fallen. Du wirst gehalten von dir.

Sie hat keine Angst vor der dunklen Nacht, denn dort hat sie ihre Schönheit und ihre unermessliche Kraft gefunden.

Darf ich dich berühren, dort, wo kein Frieden in dir ist? Darf ich dich berühren, dort, wo deine Angst dich nachts nicht schlafen lässt, dort, wo kein Wissen mehr reicht und alles, was du vermeintlich weißt, keine Rolle mehr spielt? Darf ich dich berühren, dort, wo all deine Bücher verblassen und du keine Antwort mehr hast auf Fragen, die dich endlich in diesen einen Augenblick tragen, der IST? Darf ich dich berühren, dort, wo Tränen zu lange in dir gefangen waren und ein Korsett aus Regeln dich ummauert hat? Darf ich dich berühren – dort, wo deine eigene Geschichte dich nicht mehr fesselt und (W)Orte dich nicht mehr an Versprechen binden, die du längst nicht mehr halten kannst? Darf ich dich berühren – dort, wo wir uns wirklich begegnen, dort, wo DU wirklich zuhause bist? Darf ich dich berühren – und wirst du bleiben, wenn du spürst, dass meine Tränen auch deine sind, dass mein Schmerz auch deiner ist, dass meine Wut auch in dir tobt, dass du so viel mehr bist als Licht und Liebe, weil wir alles sind, was uns berührt? Darf ich dich berühren – dort, wo die Dunkelheit dich erinnert, dort, wo die Mondin zu dir spricht, dort, wo die Sonne dich durchflutet, weil du dageblieben bist?

Und so fließen die Worte des Lichts in dunklen Nächten zu mir und an sonnigen Tagen berühren mich die Worte der Nacht. Denn die Nächte sind da, um sie ein bisschen strahlender und lichtvoller zu machen, während die Tage darauf warten, mit der Weisheit der Mondin verzaubert zu werden.

Weißt du, geliebte Mondfrau, wenn du dem Leben vertraust, während alles ganz einfach und wundervoll verläuft, ist das keine Kunst. Es ist nicht schwer, den magischen Momenten zu folgen. Wenn du dich eins fühlst mit Menschen, wenn ihr im Glückstaumel durch das Leben spielt, ist das ein Geschenk, doch dich auch eins zu fühlen, wenn dir ein Mensch deinen Schatten zeigt, dich auch eins zu fühlen in stillen Tränen der Nacht und im tiefen Vertrauen zu sein, dass alles zu deinem Besten verläuft, wenn du dich im dunkelsten Schmerz befindest, das ist es, woran das Leben dich in Zeiten wie diesen erinnern möchte. Sei eins mit der Sonne und eins mit der Mondin, sei eins mit dem Schrei deiner Seele, der dich durchdringt in kalten Wintertagen und sei eins mit lichtvollen Tänzen der Glückseligkeit an sonnigen Sommerabenden. Sei eins mit deiner Einsamkeit, mit deinem Schmerz, mit deiner Lust, deiner Sehnsucht, mit deiner Wut, deiner Traurigkeit, sei eins mit deiner Freude, deinem Lachen, deiner Unsicherheit. Sei eins mit Momenten, in denen du dich uneins fühlst. Nur so kannst du ganz zu der Einheit werden, die du zutiefst bist.

Weißt du, ich habe genauso Angst wie du.

Ich habe Angst davor, dass auch du mir sagst, dass ich nicht gut bin, wie ich bin und dass es nie reichen wird, egal wie viel ich gebe. Und ich habe Angst vor klaren Worten, die dem Augenblick die Schönheit rauben und ich habe Angst davor zu leben und dabei weniger zu geben als zu nehmen, und am Ende habe ich Angst, dir wieder nicht zu gefallen. Ich habe Angst davor, auch meinen letzten Traum zu leben, denn was kommt dann?

Ich habe Angst zu versagen. Angst, nicht gut genug zu sein. Ich habe Angst vor meiner Kraft und Angst vor meinem Feuer, das entfacht. Ich habe Angst, dass auch du über meine Worte lachst und ich habe Angst, mich so zu zeigen wie ich bin. Ich habe Angst vor dem Wirbelsturm, der ich bin und davor, Langaufgebautes mit dieser Kraft kaputtzumachen. Es geht so schnell, wenn der Vorhang fällt.

Verstecken will ich mich. Unsichtbar will ich sein. Klein und unscheinbar möchte ich ungesehen bleiben. Dann kann mir nichts passieren.

Oh, bleib still, bleib still, dann kann dir nichts passieren.

Oh, bleib still, bleib still – bis die Erde bebt. Laut und kraftvoll.

Doch da ist etwas in mir, das stärker ist. Da pulsiert etwas in mir, das sich zeigen will. Da pocht ein Feuer tief in mir, das sich nicht für meine Angst interessiert. Da ist etwas in mir, das stärker ist als all mein Zweifel, als meine Ängste, als all mein Zittern und Bibbern … Es will leben. Es will lieben. Es will das Tiefste und Schönste berühren … in mir und in dir. Es will SEIN. Und dieses „etwas" in mir ist unberührt vom Nebel der Nacht. Dort gibt es kein Scheitern, kein Verlangen, keinen Sieg, aber auch keine Niederlage.

Weißt du, ich habe genauso Angst wie du.

Doch da ist etwas in mir, das bleibt. Für die Ewigkeit. Und dort will ich dich und mich berühren. Dort möchte ich ruhen. Dort bin ich.

Oh, steh auf, steh auf, dann kann dir nichts passieren.

Steh auf, steh auf – du bist frei …

Als ich ins Leben starb
und in den Tod hinein gebar,
öffnete sich der zarte Schleier,
der noch nie geschlossen war ...
doch ich war
verschmolzen mit deiner Seele,
bin gefallen
und ertrunken hinterm Licht,
hast mich umarmt
mit deiner Sehnsucht,
denn jede Welle, sagst du, bricht.
Als ich ins Leben starb
und in den Tod hinein gebar,
wusste ich plötzlich,
dass ich immer schon all-eine war ...
da habe ich die Unendlichkeit geatmet,
durfte fliegen,
um zu wandern durch die Zeit,
bin ins unbekannte Nichts gesprungen
und gelandet
in der Ewigkeit ...

Ich habe den Himmel gesehen. Mitten in der Nacht.
Er war so dunkel wie noch nie.
Jetzt kann ich die Liebe verstehen.
Denn meine Antwort auf den Schmerz
war offen wie die Wolken
und weit wie das Meer
und zum ersten Mal im Leben war ich frei,
ja ich war leer,
und zum ersten Mal war ich da, mit allem, was ich bin.
Wo ich vorher war, kann ich nicht sagen,
und doch fehlte stets der Sinn.
Und die Antwort seitdem, auf all meine Fragen,
soll wie der Duft des Morgens sein.

Ich habe den Himmel gesehen.
Mitten in der Nacht.
Seitdem ist es die Liebe,
die stets über mich wacht,
seitdem ist es der Sommerregen,
der mich zärtlich erinnert,
seitdem ist jeder neue Tag wie ein Segen,
der mich sacht umhüllt
und wenn neue Ideen sich in meine Träume weben,
dann kann ich sie gebären.
Denn zum ersten Mal im Leben
will sich nichts in mir mehr wehren
gegen das Feuer,
gegen die Kraft, die neues Leben schafft.

Ich habe den Himmel gesehen.
Mitten in der Nacht.
~~ Er ist so tief in mir. ~~
Überall habe ich ihn gesucht.
Bei dir habe ich die Sterne besucht.
Das Leuchten fehlte mir.
Ich habe den Himmel gesehen. Ganz plötzlich war er da …
Wo er vorher war, kann ich nicht sagen …
und die Antwort seitdem soll wie der Duft des Morgens sein.

Himmelstor und Mondblut

Schattentanz

Dein Mondblut bereitet dir Schmerzen. Die Nächte machen dir Angst und vor der Einsamkeit bist du immer schon geflohen. Auf leisen Sohlen bist du davongeschlichen, doch all das, was du nicht mehr wolltest, hat dich immer wieder eingeholt. Schattentanz – im Mondschein – oh geliebte Schwester, trau dich, mit mir im Schatten zu tanzen, trau dich – die Sonnentänze möchten so gerne mit dem Mondtanz verschmelzen – sie möchten sich vermählen, darum trenne sie nicht und lass frei wählen, was zusammen sein will.

Es ist ein Sterben und Vergehen. Es ist ein unsichtbares Sehen. Es ist ein Werden.

Dein Mondblut ist eine Qual für dich, weil die Heiligkeit irgendwo auf unserem Weg verloren ging, weil deine tiefste Weiblichkeit keinen Raum hat in einer Welt, in der alles mit männlichen Mitteln kämpft.

Deine Yoni, geliebte Kriegerin, ist ein Tor zum Himmel, weil der Weg zum Himmel immer durch die tiefste Nacht führt. Sie ist ein Tempel der höchsten Gesänge, ein Tempel der tiefsten Töne. Sie ist voller Leben und Liebe und ich wünsche mir, dass du dich verbindest mit dieser tiefsten deiner Kräfte.

Dein Mondblut hat dir lange Zeit Schmerzen bereitet. So lange hast du gekämpft gegen diese tiefste aller Kräfte. Du bist machtvoll, geliebte Schwester. Du bist eine Zauberin. Du hast die Kraft zu heilen. Du hast die Macht, dich selbst zu heilen und deine Schwestern aus diesem Elend zu befreien. Als schmutzig wurde dein heiliges Blut bezeichnet. Als schmutzig wurdest du bezeichnet in der heilsamen Reinigungszeit deiner Weiblichkeit. Und du hast es geglaubt. Du hast es einfach angenommen, ohne weiter nachzuforschen, ob dies auch deiner tiefsten Wahrheit entspricht.

Und nun spüre dich, während du blutest. Spüre dein Blut, deine Lebenskraft, die aus dir strömt und dich von innen heraus befreit. Sie will dich befreien, doch du kämpfst und kämpfst und durch diesen ewigen Kampf entstehen Krämpfe, die dich Monat für Monat zum Erliegen bringen. Du wirst diesen Kampf niemals gewinnen. Deine Kraft, geliebte Schwester, ist unendlich. Deine Macht ist grenzenlos. Dein Mondblut ist heilig. Es trägt all deine Sinnlichkeit in sich, es trägt deine Lust, deine machtvolle Magie. Dein Mondblut ist magisch und weil dir die Magie so lange Zeit verwehrt wurde, hast du sie eingesperrt in Räume, die nun immer lauter rebellieren. Lass es fließen, dein heiliges Blut, lass es fließen, lass es endlich frei. Du bist so voller Lust, kannst du es spüren? Doch diese Lust will gelebt werden von dir und sie will ihre Geilheit in die Welt schreien.

Dein Mondblut will dich erinnern an die tiefsten deiner Kräfte,
an den unendlichen Wandel der Ewigkeit,
an deinen Ursprung und an die Weisheit der Zeit,
die in Zyklen dein Leben unendlich weit
in Bahnen lenken,
in denen sie all deinen Kräften
ihren Rhythmus schenken.
Es erinnert dich ans Werden und Vergehen,
an den ewigen Abschied
und ans Wiedersehen ...
Es trägt all deine Sinnlichkeit
in die Welt,
bis das, was du bist
in die Ewigkeit fällt ...
Du bist beschützt in deinem heiligen Kreis
und dein Ursprung so tief in dir weiß,
dass du so zärtlich bist und wild zugleich
und all das Verborgene, das nun sichtbar wird,
macht dich reich – wenn es still in die Erde fließt
und du es wild genießt, einfach Frau zu sein.

Du sagst, ich habe mehr Glück als du. Vielleicht riskiere ich mehr?

Bist du auch bereit, ins Nichts zu springen?

Dann komm doch mit. Auch du wirst erwartet – in dir.

Du sagst, ich bin reicher als du. Vielleicht fühle ich mich einfach nur reich.

Bist du auch bereit, Wege zu gehen, die sich erst von Augenblick zu Augenblick kreieren?

Dann komm doch mit ...

Du sagst, ich bin schöner als du.

Vielleicht hatte ich den Mut, in der Dunkelheit einfach sitzenzubleiben.

Bleib doch mal mit deinem Schmerz da, wo du bist.

Vielleicht kannst du dann das Licht in dir erkennen und in deiner unendlichen Schönheit erblühen.

Du sagst, ich bin mutiger als du. Vielleicht habe ich erkannt, dass wir nichts zu verlieren haben, außer dem, was wir nicht sind ...

SIE IST WILD, LEIDENSCHAFTLICH UND VOLLER LUST. SIE IST ZÄRTLICH, SANFT UND SEHR VERLETZBAR.

Die wilden und stolzen Frauen wurden gezähmt. Es wurde ihnen beigebracht, sich für ihre Lust zu schämen und ihre Kraft wurde gebändigt. Die Scham wurde ihnen als uraltes Erbe schon in die Wiege gelegt, doch jetzt, liebe Schwestern, ist es an der Zeit, dieses Erbe zurückzugeben. Es hat uns niemand gefragt, ob wir es übernehmen wollen, wir haben es freiwillig übernommen, wir haben es ahnungslos integriert – doch jetzt ist die Zeit gekommen, in der wir es zurückgeben können, weil wir es nicht mehr brauchen, dieses uralte Erbe aus Zeiten, die längst vergangen sind.

Die Monde sind vergangen, unsere Ahninnen haben uns längst verlassen, doch das Erbe in uns ist geblieben. Niemand hat danach gefragt, niemand hat uns gesagt, dass wir es abgeben dürfen, dass wir es zurückbringen dürfen, wenn wir es nicht mehr haben wollen. Wir brauchen uns nicht zu schämen für unsere tiefste Urkraft, für die Lust, die uns durchflutet, die uns nicht nur Kinder gebären, sondern die Magie in die Welt zaubern lässt.

Die wilden Frauen wurden gezähmt, die Furien gebändigt, die lustvollen Kriegerinnen an ihre Scham gefesselt, die Heilerinnen an ihre Macht gekettet, die Träumerinnen wurden gelähmt. Wir haben unsere tiefsten Kräfte verloren. Und überall dort, wo diese Kräfte verlorengingen, ist so viel Wut, die nun auch gebändigt werden muss, weil sie stets unangebracht ist. Weil sie uns stets zum Vorwurf gemacht wird. Weil wir still und lieb und zärtlich sein sollen. Weil wir die Engel der neuen Zeit sind.

Doch verdammt noch mal, wir sind wütend, und diese Wut darf sich nun allmählich befreien.

Stattdessen richten wir sie gegen uns. Wir richten sie gegen uns selbst und gegen unsere Schwestern.

Geliebte Schwestern, es ist an der Zeit, uns gegenseitig in die Augen zu sehen und uns zu erkennen, in allem, was wir noch ablehnen. Es ist an der Zeit, unsere Eifersucht und unseren Neid zu begraben und uns gegenseitig zu tragen, wenn wir müde sind. Es ist an der Zeit, Frieden zu schließen und unser Frausein zu genießen, weil wir angekommen sind.

Die höchste Form von Sexualität findet in uns statt, wenn sich vermeintliche Gegensätze liebend vereinen.

Unsere Sexualität ist unsere allertiefste Urkraft und dort, in dieser tiefsten aller Quellen, liegt unsere Angst verborgen. Wir beginnen zu meditieren und uns den höheren Welten zu öffnen. Die heiligen Energien dürfen frei in uns fließen und wir fühlen uns lichtvoll und im besten Fall auch göttlich. Doch solange die sexuelle Energie nicht gleichermaßen von uns verehrt wird wie die spirituellen Dimensionen, solange die beiden Welten getrennt sind, kann keine Harmonie in uns entstehen. Es gibt kein „entweder – oder". Beide Welten haben dafür gesorgt, dass wir hier auf der Erde sind. Beide Welten sind gleichermaßen göttlich, gleichermaßen heilig, gleichermaßen lustvoll.

Und so erwecke nicht nur die Heilige in dir – sondern lass die Hure in dir heilig sein und die Heilige in dir zur Hure werden. Tanze wild mit der göttlichen Symphonie und empfange deine freieste Lust im Tempel deiner lichtvollsten Heiligkeit, bis du die beiden Welten nicht mehr trennen kannst, weil sie eins geworden sind.

Die Mondfrau ist frei. Wenn sie tanzen will, dann tanzt sie. Dazu braucht sie niemanden, noch nicht mal Musik. Sie tanzt zum Klang des Himmels und der Erde. Sie tanzt zu den Klängen, die sie empfängt. Sie braucht niemanden. Doch sie hat viel zu verschenken.

Hat dem Meer jemals jemand gesagt,
dass es zu hohe Wellen gen Horizont malt
und hat der Gewitternacht jemand erzählt,
dass es einen hohen Preis bezahlt
für all die Blitze, die den Sternenhimmel
durcheinanderwirbeln,
und hat dem Fluss jemals jemand verboten,
so schnell durch die Mittagssonne zu fließen,
und weißt du, wenn die Knospen der Mandelblüte
aus den tanzenden Ästen sprießen,
dann spürst du, dass schneebedeckte
Hügelwiesen soeben die Erde verließen
und du, du stehst da und kannst dich wehren
gegen all die Mächte,
die uns lehren, Regennächte zu verehren
und all die Sonnenstunden
neugierig immer wieder und wieder neu zu erkunden.
Wer hat das Zügeln der Frühlingswinde erfunden?
Wer hat dem Wasserfall geraten zu schweigen –
komm, lass uns vor dem herbstlauschenden
Novembernebel uns verneigen.

Ich habe keine Rituale und ich liebe
den Wind, der mich dreht.
Für immer werde ich eine Träumerin bleiben
und auch wenn dies niemand versteht,
so werde ich mich an Stangen räkeln,
während andere Walzer tanzen
und Topflappen häkeln. Ich bin zahm wie
ein Lamm und wild wie eine Löwin,
empfinde selten nur Scham und ich gehe
immer weiter gen Heimat.
Ich bin still, wenn du laut bist und ich bin
wild, während du mich leise vermisst.
Ich will frei sein und meine eigenen Regeln
immer wieder brechen,
auf Grenzen balancieren und in beide Richtungen fliegen,
bis ich fühlen kann, wo Welten sich vereinen
und wo der Ort ist,
an dem ich weder siegen, noch verlieren kann.
Ich möchte da sein, wo weder Ebbe, noch Flut mich berührt
und mich weder die Sonne, noch der Nebel dazu verführt,
meinen Frieden zu verlieren.
Doch immer wieder werde ich alles riskieren
und ich werde nackt auf Felsen wandern
und in tiefe Täler springen
und immer wieder werde ich staunen,
sollte es mir gelingen, all meine
Ängste in den Himmel zu singen
und all meine Liebe in die Erde zu weben.

Ich glaube, es geht immer nur ums pure Leben und darum,
ob wir bereit sind zu vergeben.
Ich bin zahm wie ein Lamm und wild wie eine Löwin,
empfinde selten nur Scham und ich gehe
immer weiter gen Heimat.
Vielleicht kommst du mit, ich nehme deine Hand.
Kannst du spüren, was uns zu allen Zeiten schon verband?
Ich sehe es dort drüben, geschrieben auf Wolkenmeeren,
die davon erzählen, dass wir immer wählen,
ob wir die schweren oder die leichten Wege gehen,
denn alle Dramen fallen aus dem Rahmen,
wenn wir sie sein lassen, wo sie sind.
Ich liebe den Wind, der mich dreht und
ich liebe es, wenn er verweht,
was nicht mehr zu mir gehört.
Und dann will ich fliegen, als gäbe es
nichts mehr, was mich hält –
und dann will ich leben, als gäbe es
nur das, was mich tief erhellt,
wenn alles, was ich nicht mehr bin, in
die unendliche Weite fällt.

Du denkst, sie braucht dich nicht? Halte sie fest, und du wirst spüren, wie sehr sie sich nach einem Gefährten sehnt, der keine Angst vor den kraftvollen Wellen ihrer Seele hat.

Und jetzt antworte ich dir. So lange hast du mich gerufen. So lange habe ich mich nach dir gesehnt. Jetzt stehe ich dir gegenüber. Ich sehe dich. Ich höre deinen Klang. Ich fühle das Pochen deiner Sehnsucht. Jetzt, geliebte Schwester, halte ich deine Hände in meinen und meine Augen verlieren sich in deinem Duft. Lass uns tanzen. Lass uns all die Tränen weinen, lass uns den Schmerz in der Erde vergraben und lass uns geduldig all die Knospen entdecken, die daraus erblühen. Unsere Stärke ist es, die uns verbindet. Unsere unermessliche Kraft ist es, die uns in vielen Nächten Angst bereitet hat. Doch jetzt geht die Sonne auf.

Ich bin gefallen – immer wieder bin ich gefallen und immer wieder war ich alleine. Doch einsam war ich nie.

Ich wusste von dir. Die Mondin hat mir in vielen sternenklaren Nächten von dir erzählt. Sie hat deine Lieder in meine Seele gesungen. Sie hat deine Sehnsucht in mein Herz gelegt.

Und jetzt, geliebte Schwester, stehe ich dir gegenüber. Ich sehe dich. Ich spüre deinen Schmerz. Ich höre deinen Klang. Lass uns einander in die Augen blicken. Lass uns ineinander versinken. Ich bin bereit, dir zu begegnen. Ich bin bereit, mit dir durchs Feuer zu gehen.

So vieles möchte ich dir erzählen, so viel möchte ich mit dir teilen. Doch alles, was ich dir schenken möchte, liegt so weit hinter den Worten und deshalb will ich still sein, sanft in der Tiefe verweilend, Gespräche mit dir führen,

die leise so viel sagen
jenseits aller Fragen
hier – in diesem einen Moment.
Klar wie ein Bergsee
möchte ich in deine Augen blicken
und mich zärtlich
vor deiner Schönheit verneigen.
In mir pocht das Lied deiner tiefsten Sehnsucht.
Jetzt – geliebte Schwester – sind wir zuhause.
Sei willkommen.

Halt mich fest und sage: „Bleib.“ Mach die Türe zu, wenn ich gehen will, mach die Türe zu und halt mich einfach fest. Sag mir, dass ich nicht verloren gehe in einer Welt, die keine Grenzen kennt und sag mir, dass ich sicher bin in deinen Armen, die mich halten, in einem Raum, der mich nährt, in einem Traum, den wir gemeinsam träumen.

Halt mich fest und bleib bei mir, auch wenn ich nach Freiheit schreie, wenn ich weglaufen will vor dem, was sowieso in mir wieder zu tosen beginnt, sobald der Sturm sich gelegt hat.

Halt mich fest. Denn wie gerne würde ich einfach mal bleiben – das Davonlaufen loslassen – gehalten werden und festhalten, was leise in mir nach Sanftheit ruft. Wie gerne würde ich einfach mal stehenbleiben, in den Moment fallen, statt von morgen zu träumen und, still in deinen Worten badend, Halt finden. Wie gerne würde ich einfach mal bleiben.

Denn vielleicht geht es nicht immer nur ums Loslassen, sondern um die Freiheit, die wir im Festhalten finden und alles Streben nach Veränderung heilt sich im Wandel der Beständigkeit. Vielleicht geht es einfach nur ums Bleiben und darum, einen Ort zu finden, der jedes Wort überflüssig macht, weil wir so was wie Heimat gefunden haben. Vielleicht geht es um Menschen, die uns sehen dürfen, nicht nur für einen Moment, sondern tiefer.

Wir verschenken so viel Zeit mit unserer Flucht. Wir verschenken so viel Zeit mit Wünschen und Träumen und mit unserer Sehnsucht nach Nähe und nach allem, was schon lange gegeben ist.

Vielleicht geht es ums Bleiben, weil wir das Davonlaufen schon so gut kennen, weil das ewige Rennen den stärksten Krieger irgendwann müde macht. Und dann schließe ich ganz still und sacht die Türe und sage: „Bleib.“

Kriegerin, bitte hör nicht auf, aufrecht und stolz deine eigenen Wege zu gehen, nur weil nun dein Gefährte an deiner Seite ist. Hör nicht auf, deine eigene Wahrheit zu sprechen und kraftvoll deine eigenen Tänze zu erleben, nur weil du erfahren hast, wie es sich anfühlt, in starken Armen Geborgenheit zu finden. Weißt du, wenn du aufhörst, dich um dich zu kümmern, wird sich dein Gefährte um dich kümmern und du wirst es genießen, von dieser männlichen Stärke umsorgt zu werden. Doch irgendwann wird dein Gefährte seine Gefährtin vermissen, die du warst, als ihr euch begegnet seid. Bewahre dir, egal wie nahe ihr euch seid und wie glücklich du dich in seiner Nähe auch fühlen magst, immer deinen eigenen heiligen Raum. Bewahre dir deine Würde, deine Unabhängigkeit. Die Liebe, die du für dich selbst empfindest, ist das, was von dir geschützt werden möchte, weil diese Liebe dir die Freiheit schenken wird, heute du selbst zu sein und zu bestimmen, wer du morgen sein willst.

Kriegerin, bitte hör nicht auf, dich zu verschenken und deine Gaben mit der Welt zu teilen. Das, was du zu schenken hast, gehört niemals nur einem einzigen Menschen. Das, was du zu schenken hast, sollte befreiend in die Welt fließen und dein Gefährte wird es genießen, beschützend bei dir zu sein. Hör nicht auf, deine Freiheit zu lieben und wisse, dass du jederzeit alleine weitergehen kannst, wenn es der Augenblick erfordert. Lehne dich nicht an, doch wisse, dass du es tun kannst, für einen Moment, in dem du fallend getragen wirst. Doch steh wieder auf, sammle deine Energie, spüre den Pulsschlag deines Herzens und geh weiter.

Kriegerin des Herzens, bitte verlasse dich nicht, nur weil dort nun jemand ist, auf den du dich verlassen kannst. Es ist ein großes Geschenk, dass dein Gefährte nun bei dir ist, doch bitte bleib dir treu und bleib dort, wo du für immer zuhause bist. Es ist deine größte und höchste Aufgabe, für dich selbst zu sorgen. Es ist das Wichtigste, dass du selbst erfüllt, genährt und glücklich bist. Hör endlich damit auf, dich aufzuopfern, um irgendjemanden glücklich zu machen, wenn du selbst dabei verloren gehst.

Seidenweich

Seidenweich tanzt dein Duft in meinen Haaren,
spielt dein Klang in meinem Lachen,
singt dein Lied in meinem neuen Morgen.
Seidenweich umhüllt mich das, was verloren geglaubt,
so weit weg erschien.
Neue Farben aus fernen Welten habe ich mir geliehen
und Blüten aus längst vergangen Nächten
in nahe Himmel gemalt.
Seidenweich ist die Geschichte, die wir in die
sternenumwobene Dämmerung streicheln,
als gäbe es keine Monde vor unserer Zeit.
Es erschien mir so weit – doch du sagst,
der Weg ist das Ziel und ehe ich in
deine wellenden Meere fiel, war ich seidenweich
in dir geborgen
und der neue Morgen
fiel unverhofft
in meinen Schoß.

Geliebter Mann,

du hast dich für eine lichterloh brennende Frau entschieden und ich sage dir, hab keine Angst vor ihr und den starken Wellen ihrer Seele. Hab keine Angst vor ihrer Kraft, vor ihrer Wildheit, vor ihrer Freiheit. Denn sie liebt deine Arme, die sie in Geborgenheit hüllen und sie liebt es, endlich mit dir vereint zu sein. So manches Mal weißt du nicht, wo dein Platz ist und du zweifelst an deiner Wichtigkeit.

Weißt du, sei einfach du selbst. Sei einfach das, was du bist. Die Liebenden der Neuen Zeit werden ihre Rollen selbst erfinden. Sie werden ihren Weg erfinden, weil ihn niemand vor ihnen gegangen ist. Orientiere dich an deinem Herzschlag, an dem, was du fühlst, an dem, was du bist.

Orientiere dich an dem, was deine Sehnsucht dir zeigt. Denn auch du darfst dich nun entspannen. Auch du darfst dir erlauben, alles zu leben, was so lange in dir gefangen war. Du bist ein freier Krieger und ein freier Krieger geht mutig seinen Weg.

Weißt du, wenn du ein ruhiges Leben führen möchtest, ein Leben ohne Auf und Ab, ein Leben ohne hohe Wellen, dann kann die Mondfrau nicht deine Geliebte sein. Denn sie l(i)ebt so tief sie nur kann. Sie wird dich aufwühlen, an deine Kraft erinnern und deine Schritte werden immer mehr aus deinem Herzen heraus geboren. Auch du, geliebter Mann, wirst an deine weibliche Kraft erinnert, an die Kraft deiner Sanftheit, an die Stärke deiner Verletzlichkeit. Dein harter Blick wird immer weicher werden, deine Stimme wird sanfter, dein Gang wird aufrechter sein als jemals zuvor. Auch du, geliebter

Mann, wirst heimkehren in dich, wenn die Weiblichkeit in dir erblühend deine Männlichkeit erweckt.

Wenn du dich für den Weg mit der Mondfrau entscheidest, dann werden dir auch die Wellen deiner Seele keine Angst mehr machen, denn es waren immer deine Gefühle, die dir zu viel waren, es waren immer deine Emotionen, die du unterdrücken wolltest, es waren immer deine Ängste, die dazu geführt haben, dich vor der Frau, mit der du wahrlich Nähe erfahren darfst, zurückzuziehen. Wenn du dich für den Weg der Liebe entscheidest, dann wirst auch du dich halten lassen, dann wirst auch du deine vermeintliche Schwäche zeigen, dann wirst auch du verletzlich einfach das sein, was du bist und immer warst.

Die Mondfrau ist in sich angekommen und sie braucht dich nicht wie eine Bettlerin, aber sie liebt dich wie eine Königin. Halte sie fest.

Sie wird Freiheit in deiner geborgenen Nähe finden.

Geliebte Mondfrau – sei und werde, was du bist!

Im Schweigen der tanzenden Sterne liegt verborgen, was wir scheinbar verloren haben. Doch wer ist so still, sich im neuen Morgen daran zu erinnern? Wir gehen langsam zurück zu den Mondinnen, leise hören wir Lieder aus einer entfernten Heimat. Der Wind streichelt Zartheit in die Blumen der Nacht und die Regentropfen stillen das erwachte Flüstern der Erde. Kannst du verstehen, warum viele Blüten sich verschließen – und warum öffnen sie sich doch, wenn neue Samen aus den Himmeln sprießen? Deine Tränen waren nie alleine, auch wenn sie sich so fühlten in so manch einsamen Tanz.

Von so vielem wurdest du berührt, von vielen zauberhaften Momenten in die Anderswelt geführt und es ging immer nur ums Gefühl, niemals um das Lied, niemals um das, was ich schrieb. Und dann auf einmal wurdest du zum Lied und du wurdest zu dem Wort, zu dem Klang, der dich durchdrang, du wurdest zu dem Moment. Du wurdest zu dem Regentropfen. Und dann wollten Schattentänze an dein Fenster klopfen. Doch niemand war da, um zu öffnen.

Ich wage es, frei zu sein.
Hier, wo ich jetzt gerade bin.
In deinem mich Halten
konnt` ich mich entfalten
wie ein Schmetterling ...
Ich wage es, sanft zu sein.
Verletzbar mich zeigend,
verneigend – vor meiner Welt ...
Geschenkt wurde mir das Leben,
welch ein Wunder – welch ein Segen,
und so möchte ich SEIN, was mir zutiefst gegeben ...
Ich darf leben – welch ein Wunder.

~~ DANKE ~~

Danksagung

Als erstes möchte ich all den wundervollen Frauen danken, die mir begegnet sind.

Dass es so viele Mondfrauen gibt, hat mich wirklich überrascht. Eure Tränen und Worte haben mich zutiefst berührt und dazu bewegt, dieses Buch auf die Welt zu bringen. Möge dieses Kind der Liebe uns immer daran erinnern, dass wir nicht alleine sind.

Aus tiefstem Herzen danke ich meinem Gefährten Michael, dem Mann meines Lebens.

Dass du bei mir bist und wir beide durch unsere Liebe immer mehr zu dem erblühen dürfen, was wir zutiefst sind. Danke dafür, dass du mir das größte Geschenk meines Lebens gemacht hast.

Danke an meine wunderbare Mama. Wenn es mir nur im Ansatz gelingt, eine so großartige Mutter für meine Tochter zu sein, wie du es für mich bist, dann ist alles vollbracht.

Ich danke der Mondin, die mich mit ihrer tiefsten Weisheit beschenkt, dem glasklaren Fluss, dessen Schülerin ich sein darf, den Bergen, dafür, dass sie mir so viel Ruhe schenken. Ich danke den Schneeflocken, die mich an die Vergänglichkeit erinnern und all den Wolken, die meine Freunde sind.

Ich danke der Stille, durch die diese Worte ins Leben fanden.

Zutiefst gilt mein Dank Cornelia Linder.

Dafür dass du so lange als Hebamme an meiner Seite warst, bis dieses Buch geboren war. Deine Geduld, Klarheit und dein wundervolles Herz sind ein Segen für mich und die Welt.

Danke an Susanne Hülsenbeck, meiner Lektorin, und an Walter Schmucker, meinem Grafiker, die das Buch zu dem machten, was es jetzt ist.

Zu guter Letzt danke ich all den zauberhaften Männern, die meine Zeilen in ihr Herz ließen.

Vita

Nina Konitzer ist Schülerin der kraftvollen Berge, der glasklaren Flüsse, der stillen Seen und wilden Meere. Sie ist eine sanfte Poetin, eine freie Mondtänzerin, eine Reisende zwischen Welten, eine Liebende, die Brücken zwischen Wegen baut, die so nah sind, dass wir sie manchmal einfach übersehen.

Im Jahr 2006 fiel sie nach einer schweren, unheilbaren Krankheit plötzlich ins Jetzt und damit in ihre tiefste Natur zurück. In dem Moment begann sie zu schreiben.

Seit ihrer schweren Krankheit und deren Heilungsprozess begleitet sie nun seit 10 Jahren in Einzelterminen und Seminaren sehr humor- und liebevoll Menschen auf ihrem Weg zur Liebe, Freiheit und inneren Kraft, und sie ist von tiefer Dankbarkeit erfüllt, ihre Berufung leben zu dürfen.

Nina ist hier, um die Menschen an das Flüstern ihrer Seele, an das Lied ihrer Sehnsucht, an die Melodie ihres Herzens zu erinnern. Sie ist hier, um den Menschen zu zeigen, wie wundervoll sie sind und dass sie Freiheit atmen, in jedem Moment.

Ihr höchstes Anliegen ist es, Menschen wieder mit ihrer tiefsten weiblichen Urkraft zu verbinden, die so lange in ihnen geschlafen hat, die immer lauter in ihnen ruft, die JETZT bereit ist, aufzuwachen und zu erblühen.

www.gesang-des-mondes.de

ROSE MARIE GASSER RIST
TRUDE

NADA DEVI
date in der Unendlichkeit

MICHAEL WEGER
Octagon
Am Ufer der Seele
ROMAN

MICHAEL WEGER
Share
Die Teile der Liebe
ROMAN